Rinaldo Wurglitsch

Temporale Daten

in relationalen und objektrelationalen
Datenbanken

Zeitbezogene Informationen professionell umsetzen

Una Firulais
Producción

Wurglitsch, Rinaldo
rinaldo.wurglitsch@lycos.com

Temporale Daten in relationalen und objektrelationalen Datenbanken
ISBN 1-4116-2405-X
© 2002 – 2005 Rinaldo Wurglitsch
1. Auflage 2005

Eine Firulais Produktion

Credit for Cover Images: *http://budgetstockphoto.com*

Die Arbeit an diesem Buch war nur durch die liebevolle Unterstützung von Giovanna möglich – Danke.

Inhaltsverzeichnis

1 Abstrakt

2 Einführung, Motivation und Problemstellung

3 Das Modell RETTE

4

RETTE und das objektorientierte Umfeld

5

Rechnergestützte Systementwicklung

TimeFrame

7 Resümee

Literaturverzeichnis

8 Index

1 Abstrakt

Dieses Buch zeigt einen für die Praxis gangbaren Weg zur Umsetzung zeitbezogener Daten in betrieblichen Informationssystemen auf. Durch das Modell RETTE, das dafür einen strukturierten Ansatz zur Verfügung stellt, ist es möglich, ohne Modifikation des DBMS-Kerns und ohne eine Zwischenschicht (z.B.: Pre-Compiler), den temporalen Aspekt in gängigen kommerziellen DBMS angemessen zu berücksichtigen. Das Modell RETTE erweist sich flexibel genug um auch analog auf den *objektrelationalen* Bereich angewendet werden zu können.

Dieses Buch geht punktuell auf Aspekte des temporalen Umfelds in betrieblichen Informationssystemen ein und beschreibt deren Umsetzung. Es werden zwei Bereiche der Informationssystemmodellierung für die Implementierung verfolgt – vom Entity-Relationship Modell hin zur Umsetzung in einer relationalen Datenbankumgebung; und vom UML-Typendiagramm hin zur Implementierung in ein objektrelationales System. Geleitet werden die beschriebenen Vorgehensweisen durch das Bestreben nach einem praktischen Einsatz des Modells RETTE in kommerziellen, datenbankgestützten, betrieblichen Informationssystemen. Im Zuge der Arbeiten an diesem Buch sind mehrere *generierende Werkzeuge* entstanden, die sich bereits für den praxisrelevanten Einsatz des Modells RETTE bewährt haben.

Zwischenergebnisse wurden auf der 6. ZobIS Konferenz und auf der MobIS Fachtagung 2002 präsentiert und in [KW00] und [KW02] publiziert.

Aus Einsteins allgemeiner Relativitätstheorie folgt,
dass das Universum einen Anfang hat – und
möglicherweise auch ein Ende. [1]

2 Einführung, Motivation und Problemstellung

2.1 Allgemein

Raum und Zeit wirken nicht nur auf alles ein, was im Universum geschieht, sondern werden auch davon beeinflusst. „Dieses neue Verständnis von Raum und Zeit veränderte ... unsere Auffassung vom Universum von Grund auf. An die Stelle der alten Vorstellung von einem im wesentlichen unveränderlichen, *ewig bestehenden Universums* trat das Modell eines *dynamischen*, expandierenden Universums, das einen zeitlich fixierbaren *Anfang* zu haben scheint und zu einem bestimmten Zeitpunkt in der Zukunft *enden* könnte."[2] Dinge beginnen und enden - dies gilt auch für Informationssysteme und vor allem innerhalb von Informationssystemen.

Ähnlich der Betrachtung des Universums wurden und werden viele Analysen im Bereich von Informationssystemen so durchgeführt, als wären die Gegebenheiten - wie sie dem Betrachter zum Erhebungszeitpunkt erscheinen - für alle Zeit unveränderlich. Zur Umsetzung *betrieblicher Informationssysteme* wird der temporale Aspekt bisher nur von wenigen Vorgehensmodellen berücksichtigt.

Weil es jedoch kaum ein Anwendungsgebiet für Informationssysteme gibt, in dem zeitbezogene Daten zu vernachlässigen wären, sind temporale Datenbanken, das sind

---

[1] Dies wurde nachgewiesen von S. Hawking und R. Penrose - siehe. [Haw97] Seite 44

[2] [Haw97] Seite 44

Datenbanken, welche die Zeitdimension explizit berücksichtigen, zu einem wichtigen Forschungsbereich der Wirtschaftsinformatik geworden.

2.2   Zeit und Unternehmensführung

Das Treffen von Entscheidungen ist eine der Hauptaufgaben im Managementprozess. In den einzelnen betrieblichen Bereichen werden zur Unterstützung der Entscheidungsfindung quantitative und qualitative Methoden, die größtenteils auf historischen Daten basieren, eingesetzt. Als Beispiel kann die *Sequentialanalyse*[3], die vor allem im Bereich der Produktion zum Einsatz kommt, angeführt werden. Ein weiteres Beispiel sind *Markov-Ketten*, die in der Organisationspsychologie Verwendung finden. Die *Zeitreihenanalyse*[4] wird hauptsächlich in den Bereichen Investition und Finanzierung angewendet, und *Trendanalysen* werden vorwiegend im Marketing eingesetzt.

Um bei Anwendung solcher Methoden aussagekräftige Resultate zu bekommen, ist es unabdingbar, diese mit ausreichend „historischen" Daten zu versorgen, - die jedoch zuvor beschafft werden müssen. Viele Unternehmen verfügen heute über betriebliche Informationssysteme, die viele der benötigten Daten in den Grundzügen beinhalten. Da der Umsetzung des Aspekts Zeit in der Vergangenheit jedoch nur wenig Augenmerk geschenkt wurde, können den Informationssystemen in dieser Hinsicht zumeist nur Daten mit uneinheitlich implementierter Struktur entnommen werden, die entsprechend aufwendig aufbereitet werden müssen. Demzufolge verursacht die Beschaffung der benötigten zeitbezogenen Information aus derartigen betrieblichen Systemen höhere Kosten als notwendig. Wird der temporale Aspekt bereits bei der Planung und Architektur betrieblicher Informationssysteme angemessen berücksichtigt und durch eine einheitlich strukturierte Vorgehensweise umgesetzt, können auf kostengünstige Weise wertvolle Informationen zur Entscheidungsfindung bezogen werden.

Die Historie der Daten wird für Unternehmen, die im Wettbewerb stehen, immer wichtiger. Um diesen Bereich effizient unterstützen zu können, bedarf es einer Berücksichtigung des temporalen Aspekts bereits bei in der Analysephase eines Informationssystems. Diese muss dann aber konsequent in ein operatives Datenbanksystem umgesetzt werden. Nur so können effizient Daten für temporale Fragestellungen dem Management zur Verfügung gestellt werden.

---

[3] siehe z.B.: [Wal47] und [Mag73]

[4] siehe z. B.: [Gey01], [DGM01] und [Tsa02]

2.3 Der temporale Aspekt in betrieblichen Informationssystemen

„Ein *betriebliches Informationssystem* dient zur Abbildung der Leistungsprozesse und Austauschbeziehungen im Betrieb und zwischen dem Betrieb und seiner Umwelt."[5] Es stellt ein Abbild einer modellierten Realität dar und bildet so Zusammenhänge und Prozesse aus der betrieblichen Realität auf die Ebene von Rechnern ab.

Die Dimension Zeit spielt in unserer Welt eine entscheidende Funktion. Wenn in der modellierten Realität die Zeit eine wichtige Rolle spielt, muss diese auch in Informationssystemen angemessen berücksichtigt werden. Wird die Zeit überhaupt nicht berücksichtigt, so fehlt der Abbildung der modellierten Realität eine ganz wesentliche Dimension, und das Ziel einer isomorphen Abbildung bzw. eines möglichst geringen Informationsverlustes kann nicht erreicht werden. Aus diesem Grund ist es wichtig, die Zeit in Informationssystemen im Allgemeinen und in Datenbanksystemen im Besonderen adäquat einzubinden.

Kommerzielle relationale und objektrelationale Datenbanksysteme sehen als Standardvorgehensweise für sich ändernde Werte nur das Überschreiben dieser vor. Es ist allerdings nicht möglich, aus einem solchen *Schnappschussmodell* zeitbezogene Informationen zu ermitteln.

In diesem Buch wird zur Umsetzung des zeitbezogenen Aspekts in Informationssystemen eine umfassende Vorgehensweise dargestellt. Diese beginnt im Bereich der Analyse und gibt Unterstützung bis zur Implementierung des temporalen Aspekts in konventionellen Datenbankmanagementsystemen (DBMS).

2.4 Systementwicklung und der temporalen Aspekt

In den beiden letzten Jahrzehnten wurden unzählige rechnerunterstützte Informationssysteme realisiert. Dem, zu Anfang entstandenen Wildwuchs von Insellösungen wollte man in den späten achtziger Jahren durch *„unternehmensweite Datenmodelle"* entgegenwirken. Viele dieser Vorhaben wurden nie abgeschlossen oder blieben in der Analysephase stecken. Allzu oft entpuppte sich die Materie als sehr komplex und die Modelle, bzw. der Umfang der Analysen, wuchsen. Die zu Beginn hochmotivierten „Kunden" verloren durch die lang andauernden *Analysephasen* das

---

[5] [Han92] Seite 68

Interesse und den Glauben an die versprochene Lösung[6]. Der Versuch, ein *unternehmensweites Datenmodell* anzufertigen, steigerte auch das Interesse an den betrieblichen Abläufen. Durch die Bestrebungen, die Prozesse des Unternehmens nicht nur zu erfassen, sondern auch zu verbessern[7], kam das Schlagwort *„Business Reengineering"* im Bereich der Informationssystementwicklung in Mode.[8] Aus diesen Ansätzen entstanden unzählige Modelle – vor allem Daten- und Prozessmodelle –, die Momentaufnahmen der Unternehmen zum Analysezeitpunkt aufzeigen. Die erstellten Modelle manifestierten sich dann durch die bis heute umgesetzten Anwendungen. Die physischen Datenbankschemata dieser Anwendungen stellen daher zumeist ebenfalls nur Schnappschüsse[9] dar. Betrachtet man historische Daten zu einem bestimmten Zeitpunkt, so bezeichnet man dies als einen Schnappschuss (snapshot).

Heute findet sich die Informationstechnologie vor der Problemstellung Informationssysteme, die in den letzten Jahrzehnten entstanden sind, zu warten bzw. weiter zu entwickeln[10]. Beschränkten sich die Informationssysteme und Modelle anfangs zumeist auf das Abbilden von „Stammdaten"[11], so ist heute oft gefordert, diese Daten auch zu „historisieren". Vor allem Marketingabteilungen sind an Auswertungen von historischem Datenmaterial interessiert, und Begriffe wie *„Data-Warehouse"* bzw. *„Data-Mart"* gehören zum gängigen Vokabular in marktorientierten Unternehmen. Basis von Data-Warehouses sind nicht zuletzt operative Systeme, von denen ebenfalls gefordert wird, temporale ad-hoc Anfragen zu beantworten.

Des weiteren ist die Informationssystementwicklung heute mit dem Problem konfrontiert, dass Unternehmen immer häufiger ihre *Struktur* bzw. *Abläufe* ändern, um sich der rasch ändernden Marktsituation (z. B. dem Konsumentenverhalten) anzupassen und im Wettbewerb bestehen zu können. Das stellt den Informationssystementwickler vor die Tatsache, dass ein Unternehmen sich grundsätzlich als ein *komplexer, evolutionärer Organismus* darstellt.

Diese „Änderungen" waren zwar schon immer vorhanden, waren aber weniger dynamisch und stellten anfangs für Entwicklungen auf der „grünen Wiese" kein

---

[6] Dies führte oft auch zu Verlust der Unterstützung des Managements und nicht zuletzt der Finanzmittel.

[7] Nicht zuletzt durch die elektronische Unterstützung einzelner Prozessschritte.

[8] vgl. ISO-9000

[9] Oft waren die Kapazitäten der Hardware bereits mit den Schnappschuss-Schemen voll ausgelastet und an „historische online" Datenhaltung war nicht zu denken (geschweige denn an das Umsetzen temporaler Modelle)

[10] Dies gilt sowohl für Individualentwicklung als auch Standardsoftware. Wobei "weiterentwickeln" hier im weitesten Sinne des Wortes verstanden werden sollte. Auch das Verwerfen des Alten und neu Entwickeln des Informationssystems kann einen evolutionären Schritt und evtl. auch einen Fortschritt bedeuten.

[11] Oft waren bereits Karteikarten, Formulare oder ähnliche nicht elektronische Speichermedien vorhanden, mit denen bereits Momentaufnahmen gemacht wurden.

Problem dar, da es oft keine vorhandenen Systeme bzw. Daten gab, die historisiert werden mussten. Die wenigen Daten, soweit diese aus Altsystemen vorhanden waren, stammten oft aus Schnappschuss-Modellen, die auf die neu erstellten *Schnappschussmodelle* übertragen wurden.

Die Komponente Zeit wurde in jeder Hinsicht in vielen vorhandenen Modellen und Implementierungen vernachlässigt. Das vorliegende Buch zeigt eine nicht invasive Möglichkeit der *Integration zeitbezogener Daten* in betriebliche Informationssysteme auf.

Da die „Objektorientierung" in der Informationstechnologie weiterhin an Bedeutung gewinnt, wird in diesem Buch das Modell RETTE[12] (relationales temporales Modell) für das *objektrelationale Modell* erweitert.

Zur vollständigen Umsetzung des Faktors Zeit muss dieser bereits in der Analysephase berücksichtigt werden. Jedes temporale Attribut muss schlussendlich auch gepflegt werden. Allein die Möglichkeit, dass mittels Anfrage- und Manipulationssprache[13] temporale Aspekte in das Informationssystem aufgenommen werden können, entbinden den Analytiker und Designer eines Informationssystems nicht davon, sich mit dem Aspekt Zeit auseinander zu setzen. Das Modell RETTE bietet mit der differenzierten Behandlung von Zeit eine wesentliche Unterstützung dafür. Die vorliegende Buch stellt aufbauend darauf, eine Vorgehensweise für die Berücksichtigung des Aspekts Zeit in Analysewerkzeugen und generierenden Werkzeugen vor.

2.5   Problemstellung & Methode

Die Umsetzung des temporalen Aspekts wurde auf verschiedenen Ebenen von mehreren Autoren[14] untersucht – nicht jedoch ein durchgängiger Ansatz, wie der des Modells RETTE. Die Attributzeitstempelung wurde im Zusammenhang mit objektrelationale Modellen in der Literatur noch nicht ausreichend untersucht und beschrieben. Folgende offenen Fragestellungen, über die dieses Buch Aufschluss geben soll, werden im Weiteren behandelt:

- Eignet sich das Modell RETTE für den praktischen Einsatz in einem kommerziellen Datenbankmanagementsystem (DBMS)?
- Kann das Modell RETTE um die Transaktionszeit erweitert werden und ist dieses für eine bitemporale Umsetzung geeignet?
- Ist eine Integration in eine rechnergestützte Systementwicklungsumgebung (CASE) möglich?

---

[12] Das Modell RETTE wird in [Kai00] vorgestellt und im Detail beschrieben.

[13] siehe dazu Definitionen von temporalen Anfrage- und Manipulationssprachen z.B. in [Sno95], [Sno87], [Ste99a], [Jen00], [Tan93]

[14] In diesem Zusammenhang sei hier nur exemplarisch auf die Arbeiten in [Jen00], [Sno00], [Sno95] und auf das TimeCenter Projekt verwiesen.

- Eignet sich das Modell RETTE, das für die Behandlung zeitbezogener Aspekte in relationalen Systemen entworfen wurde, auch für das objektrelationale Modell?
- Kann ein Diagrammtyp der Unified Modelling Language (UML) um den temporalen Aspekt erweitert werden und wird diese Erweiterung dem Modell RETTE gerecht?

Die Untersuchung der Fragstellungen erfolgte durch Aufarbeiten der vorhandenen Literatur, Erstellung eines Prototypen eines generieren Werkzeugs und dem Einsatz des Modells in tatsächlichen Projekten, um die Akzeptanz einer praktischen Umsetzbarkeit beurteilen zu können.

Mit dem vorliegenden Buch soll ein Leitfaden zur Umsetzung zeitbezogener Daten in betrieblichen Informationssystemen angeboten werden, die den Bedürfnissen der Praxis entspricht. Damit soll dieses Buch einerseits einen Beitrag dazu leisten, die Akzeptanz und den Einsatz der systematischen Berücksichtigung der Zeit bei der Umsetzung von betrieblichen Informationssystemen zu erhöhen. Andererseits soll gezeigt werden, dass sich das Modell RETTE auch für die Behandlung zeitbezogener Aspekte im objektrelationalen Modell eignet.

2.6   Aufbau

Dieses Buch beschreibt den temporalen Aspekt für die Informationssystem-entwicklung gegliedert nach den Phasen des temporalen Datenbankentwurfs. Dazu wird in diesem Abschnitt die generelle Vorgehensweise bei der temporalen Systementwicklung dargestellt. Die vorgestellten Schritte werden in diesem Buch sowohl für die Beschreibung der Entwicklung eines relationalen Systems als auch eines objektrelationalen Systems herangezogen.

2.6.1   Phasen des temporalen Datenbankentwurfs

Grob beschrieben ist ein *Vorgehensmodell* ein „Regelwerk, das die Entwicklung und Wartung von Anwendungssystemen unterstützt und steuert."[15]

Ein Vorgehensmodell ist eine abstrakte Beschreibung des Softwareentwicklungs-prozesses auf der Basis einer Vorgehensstrategie. Es definiert einerseits die Typen von Aktivitäten (tasks), die bei der Softwareentwicklung zu durchlaufen sind, und andererseits die Typen von Leistungsgegenständen (deliverables), die dabei erzeugt werden. Ferner gibt es über den Entwicklungszyklus der Leistungsgegenstände Auskunft; d.h. es wird festgelegt, welche Leistungsgegenstände in welchem Zustand als Eingangsinformation für einen Aktivitätstyp erwartet werden und in welchem Zustand ein Leistungsgebenstand aus einem Aktivitätstyp heraus einem nachfolgenden zur Verfügung gestellt wird. Das Vorgehensmodell bildet somit das Referenzmodell der Anwendungsentwicklung.

---

[15] [GI03] Abschnitt „Begriffe und Konzepte der Vorgehensmodellierung"

Phasen des Datenbankentwurfs	temporale Unterstützungselemente
konzeptioneller Datenbankentwurf	temporal erweitertes ER-Modell (RETTE)
logischer Datenbankentwurf	Abbildungsvorschrift (Mapping Algorithmus)
Implementierung	Implementierungsvorgehensweise

Tabelle 1: Entwurf temporaler Datenbanken mit dem Modell RETTE[16]

Für die Entwicklung von Informationssystemen wurden in den letzten Jahren viele Vorgehensmodelle[17] entwickelt. Die Modelle unterscheiden sich zwar in der Ablaufplanung und den Details, die Phasen[18] - vom konzeptionellen über den logischen zum physischen Entwurf – sind jedoch in Anlehnung an [Boe76] in allen Modellen zu finden.

Schritte des Datenbankentwurfs	objektorientierte Informationssysteme	eingesetzte Hilfsmittel für relationale Informationssysteme
konzeptioneller Entwurf	UML Typenmodell	Entity Relationship Modell
konzeptionelles Schema	UML Diagramm	ER-Diagramm
logischer Entwurf	objektrelationales Modell	relationales Modell
logisches Schema	UML Diagramm	„Daten"-Diagramm
physischer Entwurf	Objekttypen, Objekttabellen	Tabellen, Indizes, etc.
physisches Schema	konkretes DBMS (z.B. Oracle)	konkretes DBMS (z.B. Oracle)
Implementierung	SQL (DDL)	SQL (DDL)

Tabelle 2: Schritte des Datenbankentwurfs

---

[16] vgl. [Kai00] Seite 76 u. 95

[17] Zum Beispiel: DSDM (Dynamic System Development Method); Oracle CDM (Custom Development Method) in [San00]; i.w.s. auch XP (Extreme Programming) in [Bec00]; RUP (Rational Unified Process); actiF (von microTOOL) in [Mic99], u.v.a.m.

[18] vgl. [Boe76] und [Boe86]

Die oben angeführte Tabelle gibt einen kurzen Überblick von möglichen Hilfsmittel sowohl im Bereich des relationalen als auch des objektrelationalen Modells. Wie die angeführten Hilfsmittel in den einzelnen Schritten Verwendung finden, wird in den weiteren Kapiteln dieses Buchs beschrieben.

	Daten	Regeln	Präsentation
Analyse konzeptioneller Entwurf	Entity-Relationship Modell	Regeln	Funktionen
Design logischer Entwurf	(zeitbezogenes) relationales Modell	(zeitbezogenes) Regel-Design	(zeitbezogenes) Modul-Design
Implementierung physischer Entwurf	Tabellen	RuleFrame[19]	Interface

Tabelle 3: Hilfsmittel im relationalen Umfeld

Für die einzelnen Entwicklungsschritte ist zu beachten, dass der *konzeptionelle Entwurf* so unabhängig wie möglich vom logischen Entwurf erfolgen sollte. Des weiteren sollte der *logische Entwurf* so unabhängig wie möglich vom spezifischen physischen Entwurf sein, d.h. frei von Eigenheiten der unterschiedlichen Implementierungen.

---

[19] RuleFrame ist ein kommerzielles Produkt des Unternehmens Oracle und stellt ein Rahmenwerk zur Umsetzung von Geschäftsregeln im DBMS Oracle dar. Dieses ist an OCL angelehnt, jedoch für das relationale Umfeld optimiert. Siehe [BM01].

	Daten	Regeln	Präsentation
Analyse konzeptioneller Entwurf	temporal erweitertes UML Klassendiagramm	temporale erweiterte OCL	Methoden
Design logischer Entwurf	(zeitbezogenes) Objekttypendiagramm	(zeitbezogene) OCL	(zeitbezogenes) Modul Design
Implementierung physischer Entwurf	Objekttypen, Objekttabellen	Methoden, Objekttypen	Interface (z.B. Java Server Pages)

Tabelle 4: Hilfsmittel im objektrelationalen Umfeld

Im Anschluss wird auf die Phasen und Tätigkeiten während des Datenbankentwurfs eines temporalen Systems weiter eingegangen. Dieses Buch wurde nach dem Kriterium der Unterstützung für die Umsetzung eines temporalen Systems gegliedert.

In der „objektorientierten" Literatur ist die Unterscheidung der strukturellen Diagramme in konzeptionelle, logische und physische nur spärlich zu finden. In datenbankspezifischer Literatur[20] und Literatur, die sich mit der Architektur von unternehmensweiten Informationssystemen auseinandersetzt, ist diese Unterscheidung auch für den objektorientierten Bereich zu finden.

---

[20] z.B. [EN00] Seite 93 und [SW99]

2.6.1.1   Konzeptioneller Entwurf

Inhalt des konzeptionellen Entwurfes ist es, eine Globalsicht der betreffenden Anwendung zu erstellen. Der Zweck von *konzeptionellen Modellierungsmethoden* ist die Beschreibung eines bestimmten Ausschnitts der realen Welt und damit eine Modellbildung. „Durch die Modellbildung wird dieser Weltausschnitt vereinfacht, diskretisiert, idealisiert, andererseits aber auch für eine systematische Darstellung zugänglich gemacht."[21]

In [JDM01] wird die Haupttätigkeit dieses Entwurfsschritts folgendermaßen beschrieben: "The final goal of this task is to construct a model that is used or generated by the business areas covered by the project in order to meet the defined business objectives. The model also consolidates and formalizes the known information about those business areas and reveals areas of uncertainty and questions."[22] und weiters: "The major output of this task is the *Business Type Model*. Based on the *Business Concept Model* constructed in the Definition phase, this task improves the model by including new types and removing types that are not necessary, generalizing and specializing types, adding attributes and its domains, including associations, association roles, association cardinalities, compositions, and invariants on both attributes and associations. This model is documented via *UML object-class diagrams*. The business types are mapped to UML object-classes with the <<type>> stereotype. Constraints are usually described using OCL."[23]

2.6.1.2   Logischer Entwurf

Der Schritt vom konzeptionellen zum logischen Modell geschieht bei der Entwicklung für objektorientierte Umgebungen oft nahtlos. Das konzeptionelle Modell wird so lange verfeinert bis dieses den Konventionen der Zielumgebung und damit bereits dem physischen Modell entspricht.

In diesem Buch wird der Übergang vom konzeptionellen bis hin zum physischen Entwurf transparent nachvollziehbar gemacht. Dabei wird das konzeptionelle Modell in ein objektorientiertes Modell übergeführt. Dieses Modell enthält noch keine physischen Angaben (z.B. Speicherbedarf, etc.) .

2.6.1.3   Physischer Entwurf

„Der physische Entwurf besteht in einer Definition des internen Schemas sowie der damit zusammenhängenden Systemparameter."[24] In [San00] wird dazu Folgendes

---

[21] [Kai00]

[22] [JDM01] Punkt RF.120

[23] [JDM01] Punkt RF.120

[24] siehe [Kai00] Seite 41

ausgeführt: "In this task, you *define* the physical environment that brings the Logical Database Design into physical existence."[25]

Dieser Schritt beinhaltet noch nicht das Erstellen der konkreten Anweisungen für das Zielsystem, sondern nur dessen Definition bzw. Design. Die Ergebnisse dieses Entwurfsschritts werden in [San00] folgendermaßen beschrieben: „The deliverable for this task is the Physical Database Design. It specifies all storage parameters and other storage arrangements necessary for placement and access of all identified database objects."[26]

[JDM01] zeigt die Zusammenhänge von logischem und physischem Modell wie folgt auf: "This initial *Physical Database Design* is used by the developers during the creation of the components, and the designs are refined as more detail becomes known during Construction phase. With the first-cut *Logical Database Design*, there has been no effort put into other more specific details, such as index design. While the components are developed, refine your *Logical Database Design* by including required changes and/or additions to your design. This could be additions/changes to *database object specifications*, and may also include refined index design and denormalized objects. The Physical Database Design emerges in pace with the Logical Database Design, and a new version of the database is created for each iteration during the Construction phase. For each iteration these become more and more complete. The final *Physical Database Design* should contain a complete refinement of the database, and when used to create the production environment, should include the database design decisions such as a description of the physical storage aspects of the database and its associated objects."[27]

2.6.2 Gliederung

In Folge wird eine kurze Einführung in das Modell RETTE gegeben und im Anschluss daran eine mögliche Variante zu deren Umsetzung mittels generierender Werkzeuge aufgezeigt. Angeregt durch den erfolgreichen praktischen Einsatz des Modells RETTE im relationalen Bereich, wird eine Möglichkeit der Umsetzung für das objektrelationale Umfeld erarbeitet. Aufbauend darauf wird im letzten Kapitel ein Rahmenwerk für die Implementierung in einer konkreten relationalen und objektrelationalen Systemumgebung vorgestellt.

---

[25] siehe [San00] Punkt DB.040

[26] [San00] Seite 4-31

[27] [JDM00] Seite DB

„Und Gott sprach: Es werden Lichter an der Feste des Himmels, die da scheiden Tag und Nacht und geben Zeichen, Zeiten, Tage und Jahre."[28]

3 Das Modell RETTE

Das Modell RETTE wurde im Rahmen einer Habilitation an der Wirtschaftsuniversität Wien entwickelt und ausführlich in [Kai00] und überblicksmäßig in [Kai99] beschrieben, so dass in dem vorliegenden Buch lediglich auf die wesentlichen Eckpunkte des Modells eingegangen wird.

Die Grundprinzipien des Modells RETTE und deren durchgehende systematische Unterstützung beim Entwurf temporaler Datenbanken werden im Folgenden anhand eines einfachen Beispiels dargestellt. Ausgangpunkt dieses Beispiels ist das Entity-Relationship Modell[29] (im Folgenden kurz als ER-Modell bezeichnet). Basierend darauf wird das temporal erweiterte ER-Modell (RETTE) eingeführt, welches in das relationale Schema und in Folge in ein Tabellenmodell für ein konkretes RDBMS (relationales Datenbankmanagementsystem) übergeleitet wird.

Vorteile des Modells RETTE für den Einsatz in der Praxis

Durch den Einsatz des Modells RETTE ist es möglich, auf dasselbe logische Datenmodell bzw. dasselbe konkrete DBMS zurückzugreifen, mit dem auch nicht-zeitbezogene Daten modelliert bzw. verwaltet werden. Diese Eigenschaft des Modells RETTE kommt dem praktischen Einsatz sehr entgegen, da temporale Modelle oft nur in eng umgrenzten Teilbereichen von konventionellen Informationssystemen benötigt werden. Bestehende Systeme können durch dieses Modell und die im Folgenden vorgestellte Vorgehensweise unverändert weiterentwickelt werden.

Das ER-Modell ist im Bereich der Informationssystemmodellierung in den letzten Jahren zum Quasi-Standard avanciert und als Ausdrucks- und Kommunikationsmittel

---

[28] 1. Mose 1,14

[29] Für detaillierte Ausführungen zum Entity-Relationship Modell siehe [Che76] und weiters [Che77], [Che81], [Che84], [Che97] und [Che98]. Bezüglich des Enhanced Entity-Relationship Modell (EER-Modell) siehe [EN94], [EN00] bzw. [Bar89].

für die Datenmodellierung sowohl im Bereich der Individualsoftwareentwicklung, als auch in Bereichen der Referenzmodellierung[30] für Standardsoftware in regem Gebrauch.

Zwei Eigenschaften, die das temporal erweiterte ER-Modells für den praktischen Einsatz auszeichnen, sind

- die Aufwärtskompatibilität zum herkömmlichen ER-Modell und der Umstand, dass

- keine semantischen Änderungen des bestehenden ER-Modells vorgenommen werden müssen.

Das Modell RETTE stellt einen Rahmen dar, mit dem der Entwurf und die Implementierung temporaler Datenbanken in allen Phasen des Datenbankentwurfs unterstützt werden. Als Ergebnis liefert es (zeitbezogene) Relationen, die in einem kommerziell verfügbaren relationalen DBMS implementiert werden können.

3.1 Zeiten in temporalen Informationssystemen

Im temporalen Umfeld werden im Allgemeinen drei verschiedene Arten von Zeiten[31] in Informationssystemen unterschieden.

Die *Gültigkeitszeit* beschreibt, wann ein Objekt den beschriebenen Zustand in der modellierten Realität aufweist. Durch die Zuordnung der Gültigkeitszeit zu einem Objekt ergeben sich auf natürliche Weise mehrere Versionen eines Objekts. Dadurch ist es möglich, die Geschichte der modellierten Realität nachzuvollziehen.

Ein Objekt wird in einer Datenbank zu einem bestimmten Zeitpunkt gespeichert. Dieses bleibt danach solange aktuell bis es logisch gelöscht wird. Die *Transaktionszeit* ist die Zeit, wann das Faktum in der Datenbank gegenwärtig ist und ermittelt werden kann. Die Transaktionszeit kann nur Werte beinhalten, die in der Vergangenheit oder in der Gegenwart liegen, nicht jedoch Werte, die in der Zukunft liegen.

Benutzerdefinierte Zeit ist eine - nicht im oben angeführten Sinne - interpretierbare Zeitangabe. Abgesehen davon, dass dadurch ein zeitlicher Tatbestand abgebildet werden soll, handelt es sich ansonsten um ein konventionelles Attribut.

---

[30] Für das Standardsoftwareprodukt SAP sind Diagramme auf Basis des Produkts ARIS verfügbar. Für das Standardsoftwareprodukt Oracle Applications können ER-Diagramme in Form sogenannter Technical Reference Manuals bezogen werden. Für weitere Beispiele siehe z.B. [Bec02] Seite 50, 87.

[31] Für eine detaillierte Ausführung siehe [JS98] Punkt 3.1, 3.2 und 3.3 bzw. [Kai00] Seite 45ff.

Ein *bitemporales Konstrukt* unterstützt sowohl das Konzept der Gültigkeitszeit als auch das der Transaktionszeit.

Das Modell RETTE geht ursprünglich ausschließlich auf die Gültigkeitszeit und benutzerdefinierte Zeit ein. Im Zuge dieses Kapitels wird auch untersucht, inwieweit sich das Modell RETTE mit einem bitemporalen Konzept verbinden lässt.

3.2 Temporal erweitertes ER-Modell

Um den temporalen Aspekt angemessen bereits im konzeptionellen Modell zu berücksichtigen, beschreibt das Modell RETTE eine Möglichkeit, das ER-Modell temporal zu erweitern.

Die folgende Aufstellung gibt einen Überblick der Grundelemente des temporal erweiterten ER-Modells. Die Grundtypen des ER-Modells bleiben bestehen und werden, um diese von den erweiterten Komponenten zu unterscheiden, in weiterer Folge als *konventionelle Komponenten* bezeichnet.

Grundkomponenten	RETTE-Komponenten	Erweiterung
Entitätstypen	konventionelle	Differenzierung in konventionelle und zeitbezogene Elemente
	zeitbezogene	
Attributtypen	Zeitstempel	Explizites Berücksichtigen der Zeitdimension
	zeitunabhängig	
	zeitabhängig im weiteren Sinn	
	zeitabhängig im engeren Sinn	
	zeitabhängig zyklisch	
Beziehungstypen	konventionelle	Differenzierung in konventionelle und zeitbezogene Elemente
	zeitbezogene	

Tabelle 5: Komponenten des temporal erweiterten ER-Modells

In Folge wird nur auf die Spezifika der temporalen Erweiterungen der einzelnen Komponenten, die für das Verständnis dieses Buchs wesentlich sind, näher eingegangen.

3.2.1 Temporale Entitätstypen

„Im ER-Diagramm werden zeitbezogene Entitätstypen nicht gesondert gekennzeichnet, sondern ebenso wie konventionelle Entitätstypen durch ein Rechteck dargestellt. Ob es sich um einen zeitbezogenen oder einen konventionellen

Entitätstyp[32] handelt, ergibt sich aus den zugeordneten Attributen."[33] Durch Hinzufügen der beiden Zeitstempelattribute T_B und T_E wird ein Entitätstyp zu einer zeitbezogenen.

Abbildung 1: Graphische Darstellung eines zeitbezogenen Entitätstyps in der Notation von [EN94] und [Bar89]

Elemente	Zeitbezug
abhängige Entitätstypen (schwacher Entitätstyp)	Kann Zeitbezug aufweisen
Untertypen und Obertypen	Zeitbezug wird vom Supertyp an den Subtypen vererbt. Subtyp kann jedoch zusätzlich einen Zeitbezug aufweisen.

Tabelle 6: Verfeinerungen bei den Entitätstypen

Abhängige Entitätstypen (auch als schwache Entitätstypen bezeichnet) sind solche, bei denen ein Exemplar nur existieren kann, wenn ein Exemplar vorhanden ist, dass dessen Existenz begründet. Im temporal erweiterten ER-Modell kann auch dieser Typ zeitbezogen sein. Dies ist dann gegeben, wenn mindestens ein zeitabhängiges Attribut vorhanden ist.

Zeitabhängige Attribute eines *Obertypen* (Supertypen) werden an dessen *Untertypen* (Subtypen) vererbt. Ein zeitbezogener Entitätstyp als Supertyp bedingt somit auch einen zeitbezogenen Entitätstyp als Subtyp. Der Subtyp kann jedoch einen Zeitbezug aufweisen, obwohl der Supertyp ein konventioneller Entitätstyp ist.[34]

3.2.2   Temporale Attributtypen

Kernstück des Modells RETTE sind die fünf unterschiedlichen *Attributarten*. Die Zuordnung dieser Attributarten zu Entitätstypen und Beziehungstypen erlaubt eine differenzierte Abbildung von zeitbezogenen Entitäts- und Beziehungstypen,

---

[32] Zur Abgrenzung von Entität und Attribut siehe im weiteren Sinne [Mil43] Seite 58ff.

[33] [Kai00], Seite 79

[34] siehe [Kai00] Seite 89

gleichzeitig können jedoch nicht-zeitbezogene Sachverhalte mit den konventionellen Elementen des ER-Modells so wie bisher dargestellt werden.

Zeitstempelattribute: Die beiden Zeitstempelattribute T_B und T_E sind auf der Domäne Zeit definiert und markieren den Beginn und das Ende einer Gültigkeitsperiode.

Zeitunabhängige Attribute: Die Werte von zeitunabhängigen Attributen bleiben für jedes Objekt im Zeitverlauf eines zeitbezogenen Entitätstyps konstant. Ein typisches Beispiel für ein zeitunabhängiges Attribut wäre etwa das Geburtsdatum eines Mitarbeiters.

Zeitabhängige Attribute im weiteren Sinn: Die Werte von zeitabhängigen Attributen im weiteren Sinn können sich für jedes Objekt im Zeitverlauf eines zeitbezogenen Entitätstyps ändern. Die früheren Werte dieser Attribute sind jedoch im Kontext der modellierten Realität nicht relevant. Das bedeutet, dass die Historie solcher Attribute nicht nachvollziehbar sein muss und dass immer nur der momentan gültige und aktuelle Wert dieses Attributs relevant ist. Ein Beispiel für ein zeitabhängiges Attribut im weiteren Sinn wäre etwa die Adresse eines Mitarbeiters, wenn man davon ausgehen kann, dass jeweils nur die aktuelle Adresse eines Mitarbeiters bedeutend ist.

Zeitabhängige Attribute im engeren Sinn: Die Werte von zeitabhängigen Attributen im engeren Sinn können sich für jedes Objekt im Zeitablauf eines zeitbezogenen Entitätstyps ändern. Die früheren Werte dieser Attribute sind relevant, d.h. die Historie dieser Attribute muss nachvollziehbar sein. Wenn sich der Wert eines zeitabhängigen Attributs im engeren Sinn ändert, wird eine neue Version angelegt. Alle früheren Versionen müssen natürlich erhalten bleiben. Ein Beispiel für ein zeitabhängiges Attribut im engeren Sinn wäre die Funktion eines Mitarbeiters.

Zeitabhängige zyklische Attribute: Die Werte von zeitabhängigen zyklischen Attributen können sich für jedes Objekt im Zeitablauf eines zeitbezogenen Entitätstyps ändern. Die früheren Werte dieser Attribute sind relevant, d.h. die Historie dieser Attribute muss nachvollziehbar sein. Wenn sich der Wert eines zeitabhängigen zyklischen Attributs ändert, wird eine neue Version angelegt. Wenn es zu keiner Wertänderung kommt, obwohl prinzipiell eine Wertänderung möglich gewesen wäre, wird zwar keine neue Version angelegt, die Tatsache, dass es keine Änderung gegeben hat, muss aber abgebildet werden. Ein Beispiel für ein zeitabhängiges zyklisches Attribut wäre etwa das Gehalt eines Mitarbeiters. Bekommt ein Mitarbeiter keine Gehaltserhöhung, obwohl prinzipiell eine Gehaltserhöhung möglich gewesen wäre, so bleibt das Gehalt konstant, die Information über die nicht erfolgte Gehaltserhöhung wird aber ebenfalls abgebildet. Andere Beispiele für solche Attribute wären die Verwendungsgruppe von Mitarbeitern, der Kompetenzbereich von Mitarbeitern, die Kategorie von Beherbergungsbetrieben oder die Kategorie von Wohnungen.

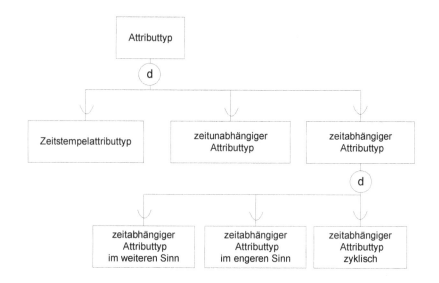

Abbildung 2: Übersicht der Attributarten des Modells RETTE[35]

Der unterschiedliche zeitliche Bezug wird im Modell RETTE durch fünf Attributarten berücksichtigt. Diese übernehmen alle Eigenschaften eines konventionellen Attributs aus dem ER-Modell, erhalten aber darüber hinaus zusätzliche semantische Informationen.

Wie die unterschiedlichen Attributarten im temporal erweiterten ER-Modell dargestellt werden, ist der folgenden Aufstellung zu entnehmen:

---

[35] vgl. [Kai00] Seite 76 u. 95

Attributarten	Graphische Darstellung lt. [EN94][36]	lt. [Bar89]
Zeitstempelattribute	T_B T_E	ENTITÄT * TB * TE
zeitunabhängige Attribute		* ATTRIBUT
zeitabhängige Attribute im weiteren Sinn		* <u>ATTRIBUT</u>
im engeren Sinn		* <u>ATTRIBUT</u>
zyklische Attribute		* <u>ATTRIBUT</u>

Tabelle 7: Graphische Darstellung der Attributarten im Modell RETTE

---

[36] Die in diesem Kapitel verwendeten graphischen Darstellungsarten für das ER-Diagramm bezieht sich auf [EN94] und [Bar89].

Eine kurze Übersicht über komplexe Attributstrukturen und deren temporale Erweiterung ist in der folgenden Aufstellung dargestellt. Für detaillierte Ausführungen siehe [Kai00].

Elemente	Zeitbezug
zusammengesetzte Attribute	Jede Komponente kann einen Zeitbezug aufweisen.
abgeleitete Attribute	Hängt von den Attributen ab, von denen Sie abgeleitet wurden.
mehrwertige Attribute	Können Zeitbezug aufweisen.
fehlende Werte bei Attributen (NULL)	Bei Zeitbezug führt dies zu Lücken in der Historie.

Tabelle 8: Verfeinerungen bei den Attributen

Klassifikation der Attributarten

Für die Behandlung der Attribute in den nächsten Schritten (wie zum Beispiel bei der Ableitung in den logischen Datenbankentwurf) ist es vorteilhaft, die Attributarten zu klassifizieren. Unter einer *Attributklasse* versteht man eine Gruppe von Attributen, die denselben Gesetzmäßigkeiten unterliegen. Im Modell RETTE werden die folgenden vier Klassen unterschieden.

Klasse	Beschreibung
K1	Zeitunabhängige Attribute und zeitabhängige Attribute im weiteren Sinn
K2	Zeitabhängige Attribute im engeren Sinn
K3	Zeitabhängige zyklische Attribute
K4	Zeitstempelattribute T_B und T_E

Tabelle 9: Attributklassen des Modells RETTE

3.2.3 Temporale Beziehungstypen

Ein zeitbezogener Beziehungstyp bildet die *Historie* dieses Beziehungstyps ab. Zeitbezogene Beziehungstypen besitzen jedenfalls die beiden Zeitstempelattribute T_B und T_E, darüber hinaus können sie noch weitere zeitunabhängige und zeitabhängige Attribute besitzen.

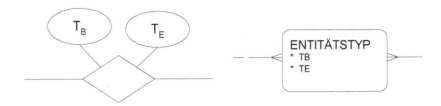

Abbildung 3: Graphische Darstellung einer zeitbezogenen Beziehungstypen[37]

Ein Beziehungstyp ist dann zeitbezogen, wenn er die beiden Zeitstempelattribute T_B und T_E besitzt.

„Die drei verschiedenen Arten der Konnektivität bei zeitbezogenen Beziehungstypen treffen also jeweils nur eine Aussage über den Zustand des Beziehungstyps für *einen Zeitpunkt*. Der gesamte Zeitablauf eines zeitbezogenen Beziehungstyps kann im Modell RETTE immer mit einer *n:m* Beziehung dargestellt werden. Diese Tatsache ist vor allem bei der Umsetzung von zeitbezogenen Beziehungstypen in das relationale Modell wichtig."[38]

Element	Zeitbezug
Mitgliedsklassen bei Beziehungen (optional oder verpflichtend)	Kann im temporal erweiterten ER-Modell angegeben werden.
Höherwertige Beziehungen	Zeitbezug möglich

Tabelle 10: Verfeinerungen bei den Beziehungen

3.2.4   Beispiel

Wer eine Sache erlernen und auch die praktischen Auswirkungen des Konzepts erfassen will, der beschäftigt sich zumeist nicht nur theoretisch, sondern auch praktisch mit ihr. Die zuvor erörterten temporalen Erweiterungen des ER-Modells

---

[37] Die Notationvon [Bar89] kennt als Notation keinen attributierten Beziehungstyp. Dieser ist anhand einer Hilfsentität darzustellen.

[38] [Kai00] Seite 87

nach RETTE werden daher in diesem Abschnitt anhand eines Beispiels illustriert. Dieses einfache Beispiel wird auch in den folgenden Kapiteln verwendet.[39]

Der zeitbezogene Entitätstyp *Mitarbeiter* wird durch die Attribute Mitarbeiternummer (M#), Vorname, Nachname, Geschlecht, Geburtsdatum, Adresse, Telefonnummer, Abteilung, Funktion und Gehalt beschrieben.

Der *zeitunabhängige Schlüssel* des Entitätstyps Mitarbeiter ist das Attribut Mitarbeiternummer (M#), also der Schlüssel des korrespondierenden konventionellen Entitätstyps. Die Menge aller Entitätsexemplare mit demselben Wert von Mitarbeiternummer repräsentiert ein *Objekt*[40]. Alle Entitätsexemplare mit demselben Wert von Mitarbeiternummer werden als *Versionen* eines Objekts bezeichnet.

Die Tätigkeit des Mitarbeiters Smith unterliegt saisonalen Schwankungen. Herr Smith ist wegen des Weihnachtsgeschäfts vor allem im Dezember für das betrachtete Unternehmen tätig.

Mitarbeiternummer	Nachname	Beginn (Eintrittsdatum)	Ende (Austrittsdatum)
Zeitunabhängiger Schlüssel			
7369	SMITH	17.12.1980	10.01.1981
7369	SMITH	16.12.1981	13.01.1982
7369	SMITH	17.12.1982	30.12.1982
7499	ALLEN	20.02.1981	
7521	WARD	22.02.1981	
7566	JONES	02.04.1981	

Tabelle 11: Beispieldaten

Es werden weiters noch folgende Anforderungen an das Modell gestellt:

Generell soll die Historie eines jeden Mitarbeiters nachvollziehbar sein. Die Historie der Attribute Nachname, Adresse und Telefonnummer ist im Kontext der modellierten Realität nicht relevant; die Historie der Attribute Abteilung, Funktion und Gehalt ist jedoch relevant. Auch die Information über nicht durchgeführte Gehaltsveränderungen eines Mitarbeiters soll abgebildet werden können.

Seminare werden durch folgende Attribute beschrieben: Seminarnummer (S#), Budget, Bezeichnung und Status. Die Historie eines jeden Seminars soll nachvollziehbar sein. Die Historie des Attributs Bezeichnung ist im Kontext der modellierten Realität nicht relevant - die Historie der Attribute Budget und Status jedoch schon.

---

[39] Dieses Beispiel wurde aufgrund der Angaben in [Kai00], Seiten 87, 88, 106, 114 und [Kai99] zusammengestellt. Weiterführende praxisbezogene Beispiele finden sich im Kapitel „TimeFrame".

[40] Dies wird im weiteren Sinne in [Jen00] auch als „temporales Element" bezeichnet.

Mitarbeiter können zu Ihrer Weiterbildung Seminare besuchen. Die Historie der *Besuche* von Seminaren soll nachvollziehbar sein. Im Rahmen des Besuchs des Seminars werden Bewertungen abgegeben. Die Historie des Attributs Bewertung soll, wenn mehrmals im Laufe des Seminars eine Bewertung geplant ist, verfolgt werden können. In diesem Fall ist das Attribut Bewertung ein zeitabhängiges Attribut bzw. ein zeitabhängiges zyklischen Attribut des Beziehungstyps.

Durch Anwendung der zuvor beschriebenen zeitbezogenen Komponenten lässt sich folgendes temporale ER-Modell erstellen.

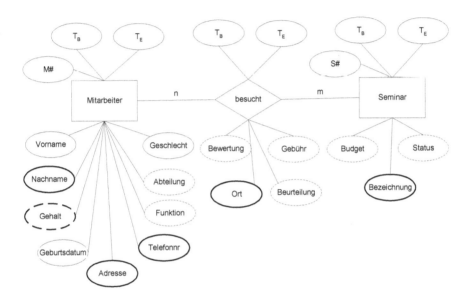

Abbildung 4: temporal erweitertes ER-Diagramm (RETTE) in der Notation von [EN94]

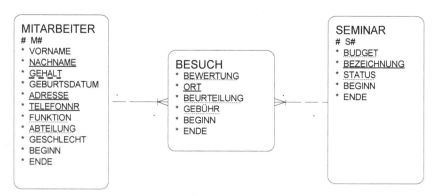

Abbildung 5: Graphische Darstellung des Beispiels in der Notation von [Bar89]

Um dieses kleine Beispiel auch für den Einsatz im beschriebenen Unternehmen einzuführen, ist dieses in ein konkretes DBMS umzusetzen. Im folgenden Abschnitt wird vorerst die Umsetzung des temporal erweiterten ER-Modells in ein logisches Modell – ein relationales Schema - beschrieben. Daraus werden Anweisungen für ein konkretes DBMS abgeleitet.

3.3   Mapping-Algorithmus

„In den letzten beiden Jahrzehnten wurde auf dem Gebiet temporaler Datenbanken vor allem auf der logischen Ebene intensiv gearbeitet. Es wurden mehrere temporale Datenmodelle entwickelt und verschiedene temporale Anfragesprachen geschaffen. ... Das Manko, das allen Ansätzen gemeinsam ist, ist ein schwerwiegendes: der praktische Einsatz ist aufgrund fehlender Implementierungen und fehlender temporaler DBMS - mit Ausnahme einiger weniger Prototypen ... - nicht gegeben. Es existiert somit kein kommerziell verfügbares temporales DBMS."[41]

Mit dem in [Kai00] entwickelten und dargestellten Mapping-Algorithmus können Schemata des temporal erweiterten ER-Modell in das relationale Modell umgesetzt werden und so mit bereits bestehenden Applikationen verbunden und mit weit verbreiteten DBMS implementiert werden. *Temporale Integritätsbedingungen* wie etwa der PRIMARY KEY TEMPORAL oder der FOREIGN KEY TEMPORAL gewährleisten dabei eine konsistente Umsetzung zeitbezogener Daten.

Ein wesentlicher Vorteil für den praktischen Einsatz des Modells RETTE ist, dass für die Umsetzung in das relationale Modell dieses dazu nicht temporal erweitert werden

---

[41] [Kai99]

muss. D.h. die abgeleiteten Relationen können direkt in einem kommerziell verfügbaren DBMS umgesetzt werden. Temporale Konstrukte finden nur sehr langsam Eingang in den „Kern" der relationalen Datenbanksysteme. Im RDBMS Oracle wurden in der Version 9*i* einige der Funktionalitäten der „Timeseries"-Option[42] in den implementieren SQL-Kern[43] aufgenommen – diese bieten vor allem erweitere Unterstützung beim Umgang von zeitbezogenen Datentypen, nicht jedoch für „echte" temporale Systeme im Sinne dieses Buchs.

3.3.1 Relationales Modell

Die im Modell RETTE behandelte Abbildungsvorschrift beschreibt die Transformation des *temporal erweiterten ER-Modells* in das *relationale Modell*[44]. Da für die Beschreibung der Zielumgebung die Begriffe des *relationalen Modells* Verwendung finden, folgt in diesem Abschnitt soweit dies für das Verständnis dieses Buchs notwendig ist eine kurze Begriffsdarstellung.

Die Begriffe des relationalen Modells, wie sie in diesem Buch verwendet werden, beziehen sich auf [Cod70]. Ausgangspunkt des relationalen Modells von Codd waren die mengentheoretischen Hilfsmittel der Prädikatenlogik – d.h. die relationale Sicht der Daten. „The term *relation* is used here in its accepted mathematical sense."[45]

Weiters wird angeführt: "Given sets S_1, S_1, ... S_n (not necessarily distinct), R is a relation on these n sets if it is a set of n-tuples each of which has its first element from $S1$, its second element from $S1$, and so on. We shall refer to Sj as the j-th domain of R. As defined above, R is said to have degree n. Relations of degree *1* are often called unary, degree *2* binary, degree *3* tenary, and degree n n-ary"[46]

Im Vergleich dazu die Beschreibung aus der mathematischen Logik: Unter einer *Menge* versteht man die Zusammenfassung wohlunterschiedener *Elemente*, wobei von jedem *Element* feststehen muss, ob es zur Menge gehört oder nicht gehört. „*Mengen, deren Elemente Paare, Tripel und allgemein n-tupel ($n >= 1$) sind, heißen ein-, zwei-, drei- bzw. n-stellige Relationen.*"[47]

Die im Bereich der Informatik gängigste *Repräsentation* einer Relation ist die eines Arrays bzw. einer Tabelle, die speziellen Anforderungen genügt. Anschaulich gesehen ist eine *Relation* nichts anderes als eine einfache *Tabelle*, die aus *Zeilen* und *Spalten*

[42] siehe [Ora99]

[43] „The minimal conformance level for SQL-99 is known as Core. Core SQL-99 is a superset of SQL-92 Entry Level specification. Oracle9i is broadly compatible with the SQL-99 Core specification." [Lus01]

[44] Für eine detailierte Darstellung des relationalen Modells siehe [Cod70] und [EN00] bzw. [Gri90].

[45] [Cod70] in Kapitel 1.3. A Relational View of Data

[46] [Cod70] in Kapitel 1.3. A Relational View of Data

[47] [Böh81] Seite 141

besteht. Die Spalten der Tabelle heißen im Sprachgebrauch der relationalen Algebra „*Domänen*"[48], die Zeilen „*Tupel*".

Für diese spezielle Tabelle müssen folgende Regeln gelten, um als Relation bezeichnet werden zu können:

- Jeder Satz der Tabelle kann eindeutig identifiziert werden, es gibt in ihr keine zwei gleichen Sätze. In einer Relation kann es niemals mehrfach auftretende Tupel geben.

- Jeder Spalte der Tabelle entspricht genau ein Name eines Datenelementes der Satzart. Innerhalb der Satzart darf sich ein und derselbe Name nicht wiederholen.

- Im Kreuzungspunkt des n-ten Tupels und der m-ten Domäne steht der Wert v_{nm}. Das ist der Wert, den das m-te Datenelement der Satzart im n-ten Satz der Tabelle annimmt.

- Eine Tupelvariable t ist eine Variable, der man eine der Zeilen der Tabelle als Wert zuweisen kann. Man kann t mit einem Eingabebereich vergleichen, in den ein Satz einer Tabelle eingelesen wird.

Mathematisch gesehen ist eine Relation R eine Untermenge des kartesischen Produktes der Mengen $S_1, S_2, ..., S_m$.

$$R \subseteq S_1 \times S_2 \times ... \times S_m$$

Dabei beinhaltet die Menge S_m alle voneinander verschiedenen Werte, die das Datenelement D_m in der Relation R annehmen kann.[49]

Ein Tupel ist eine Kombination von Werten des Relationsschemas für die gegebenen Attribute, die Tabelle ist die Menge aller gleichartigen Tupel. Die Anzahl der Tupel wird Kardinalität der Relation genannt.

Das Wort „Relation" wird in der Literatur häufig gleichzeitig für die Struktur einer Tabelle und für die Menge aller Tupel verwendet. Für die Menge der Tupel eines Relationsschemas wird in diesem Buch der Begriff „*Tabelle*" verwendet. Zur Veranschaulichung einer Relation wird in diesem Buch die folgende Tabelle benutzt.

---

[48] Codd vermeidet den Begriff *Attribut* im relationalen Modell. Statt dessen wird der Begriff *Rollenbezeichnung* (role name) zur Kennzeichnung einer Domäne in einer Relation, deren Domänen nicht geordnet sind, eingeführt. vgl. [Cod70]

[49] siehe [Gri90] Seite 57

R_1				
K				
$X_1{:}D_1$	$X_2{:}D_2$	...	$X_m{:}D_m$	
T_1	$V^k{}_{11}$	V_{12}	...	V_{1m}
T_2	$V^k{}_{21}$	V_{22}	...	V_{2m}
...	...	...	...	...
T_n	$V^k{}_{n1}$	V_{n2}	...	V_{nm}

Tabelle 12: Repräsentation einer Relation

Relation	R_1
Domänen	$D_1, D_2, ..., D_n$
Attribute	$X_1, X_2, ... X_n$
Tupel	$T_1, T_2, ... T_n$
Schlüssel	K
Zeitstempelattribute	T_B, T_E

3.3.2   Temporale Entitätstypen

Aufbauend auf die zuvor gegebenen Begriffsbeschreibungen für die Komponenten des temporal erweiterten ER-Modells und des relationalen Modells werden im Folgenden die wesentlichen Punkte des Ableitungsalgorithmus des Modells RETTE erläutert.

RETTE Komponenten	Relationale Komponenten
konventioneller Entitätstyp	konventionelle Relation
zeitbezogener Entitätstyp	zeitbezogene Relation

Tabelle 13: Umsetzen der Entitätstypen

Der Aufbau einer konventionellen Relation wurde zuvor beschrieben. Diese wird nun um die Definition einer zeitbezogenen Relation erweitert. Die zeitbezogene Relation unterscheidet sich von der konventionellen Relation durch die zusätzlich vorgeschriebenen Attribute. Auch die zeitbezogene Relation muss den Anforderungen der konventionellen Relation genügen.

R_t						
K						
$X_1{:}D_1$	$X_2{:}D_2$	...	$X_m{:}D_m$	$T_B{:}$**Zeit**	$T_E{:}$**Zeit**	
T_1	$V^k{}_{11}$	V_{12}	...	V_{1m}	V_{1B}	V_{1E}
T_2	$V^k{}_{21}$	V_{22}	...	V_{2m}	V_{2B}	V_{2E}
...	...	...	...	...	...	...
T_n	$V^k{}_{n1}$	V_{n2}	...	V_{nm}	V_{nB}	V_{nE}

Tabelle 14: zeitbezogene Relation

Domänen	$D_1, D_2, ..., D_n$
zeitabhängige Attribute	$X_1, X_2, ... X_n$
Tupel	$T_1, T_2, ... T_n$
zeitunabhängiger Schlüssel	K
Zeitstempelattribute	T_B, T_E

Um die zusätzlichen semantischen Informationen, die das temporal erweiterte ER-Modell aufweist auch im relationalen Modell abbilden zu können, ist es erforderlich, die aus den zeitbezogenen Entitätstypen entstandenen zeitbezogenen Relationen weiter zu zerlegen. Mittels des *Zerlegungsalgorithmus* kann aus einer zeitbezogenen Relation eine Menge von zeitbezogenen Relationen (Teilrelationen) in *temporaler Normalform* erzeugt werden.

- Erstelle eine zeitbezogene Relation $R1$ mit folgenden Attributen: K, alle zeitunabhängigen Attribute, alle zeitabhängigen Attribute im weiteren Sinn, T_B und T_E.

- Gruppiere alle zeitabhängigen Attribute im engeren Sinn nach Synchronitätsklassen.

- Erstelle eine zeitbezogene Relation $R'i$ mit folgenden Attributen: K, alle zeitabhängigen Attribute einer Synchronitätsklasse, T_B und T_E.

- Wiederhole Schritt 3 für alle Synchronitätsklassen der zeitabhängigen Attribute im engeren Sinn.

- Gruppiere alle zeitabhängigen zyklischen Attribute nach Synchronitätsklassen.

- Erstelle eine zeitbezogene Relation $R''j$ mit folgenden Attributen: K, alle zeitabhängigen zyklischen Attribute einer Synchronitätsklasse, T_B und T_E.

- Erstelle eine Deltarelation $R^{\Delta}j$, das ist eine Relation mit folgenden Attributen: K und Delta-Attribut.

- Wiederhole die Schritte 6 und 7 für alle Synchronitätsklassen der zeitabhängigen zyklischen Attribute.

Tabelle 15: Zerlegungsalgorithmus des Modells RETTE[50]

---

[50] Für detaillierte Ausführungen siehe [Kai00] Seite 101 ff.

Die einzelnen Schritte des Zerlegungsalgorithmus sind nachstehend dargestellt:

R_t						
	K					
	$K_1:D_1$	$X_1:D_1$	...	$X_m:D_m$	$T_B:Zeit$	$T_E:Zeit$
T_1	V^k_{11}	V_{12}	...	V_{1m}	V_{1B}	V_{1E}
T_2	V^k_{21}	V_{22}	...	V_{2m}	V_{2B}	V_{2E}
...	...	...	...	...	...	...
T_n	V^k_{n1}	V_{n2}	...	V_{nm}	V_{nB}	V_{nE}

Tabelle 16: zeitbezogene Entitäts-Relation (Ausgangsrelation)

R_1						
	K					
	$K_1:D_1$	$X^K_k:D_k$	...	$X^K_m:D_m$	$T_B:Zeit$	$T_E:Zeit$
T_1	V^k_{11}	V_{1k}	...	V_{1m}	V_{1B}	V_{1E}
T_2	V^k_{21}	V_{2k}	...	V_{2m}	V_{2B}	V_{2E}
...	...	...	...	...	...	...
T_n	V^k_{n1}	V_{nk}	...	V_{nm}	V_{nB}	V_{nE}

Tabelle 17: Teilrelation R_1 - zeitbezogene Relation für alle zeitunabhängigen und zeitabhängigen Attribute im weiteren Sinn (Schritt 1)

R'_1						
	K					
	$K_1:D_1$	$X^T_k:D_2$	...	$X^T_m:D_m$	$T_B:Zeit$	$T_E:Zeit$
T_1	V^k_{11}	V_{1k}	...	V_{1m}	V_{1B}	V_{1E}
T_2	V^k_{21}	V_{2k}	...	V_{2m}	V_{2B}	V_{2E}
...	...	...	...	...	...	...
T_n	V^k_{n1}	V_{nk}	...	V_{nm}	V_{nB}	V_{nE}

Tabelle 18: Teilrelation R'_1 - zeitbezogene Relation für zeitabhängige Attribute einer Synchronitätsklasse (Schritt 3)

R''_j					
	K				
	$K_1:D_1$	$X^Z_k:D_2$	...	$X^Z_m:D_m$	T_B:Zeit	T_E:Zeit
T_1	V^k_{11}	V_{1k}	...	V_{1m}	V_{1B}	V_{1E}
T_2	V^k_{21}	V_{2k}	...	V_{2m}	V_{2B}	V_{2E}
...	...	...	...	...	...	...
T_n	V^k_{n1}	V_{nk}	...	V_{nm}	V_{nB}	V_{nE}

Tabelle 19: Teilrelation R''_j - zeitbezogene Relation für alle zyklischen Attribute einer Synchronitätsklasse (Schritt 7)

R^Δ_j		
	K	
	$K_1:D_1$	D_k:Zeit (Delta)
T_1	V^k_{11}	V_{1k}
T_2	V^k_{21}	V_{2k}
...	...	...
T_n	V^k_{n1}	V_{nk}

Tabelle 20: Teilrelation R^Δ_j - Deltarelation (Schritt 8)

3.3.3 Temporale Beziehungstypen

Entsprechend der Ableitung der Relationen sind auch die Beziehungstypen des temporal erweiterten ER-Modells in das relationale Schema überzuführen. Dabei entsteht generell aus jedem zeitbezogenen Beziehungstyp eine eigenständige Relation.

RETTE Komponenten	Relationale Komponenten
Konventioneller Beziehungstyp	
n:m	Eigene konventionelle Beziehungs-Relation
1:1	Zusätzliche Attribute einer konventionelle Entitäts-Relation
1:n	Zusätzliche Attribute einer konventionelle Entitäts-Relation
Zeitbezogener Beziehungstyp	
n:m	Eigene zeitbezogene Beziehungs-Relation
1:1	Eigene zeitbezogene Beziehungs-Relation
1:n	Eigene zeitbezogene Beziehungs-Relation

Tabelle 21: Umsetzung der Beziehungstypen

Die Relationen für zeitbezogene Beziehungstypen enthalten:

- alle *n* Attribute des zeitbezogenen Beziehungstyps. Zwei dieser Attribute sind die Zeitstempelattribute T_B und T_E.

- Attribute der zeitunabhängigen Schlüssel der an dem zeitbezogenen Beziehungstyp beteiligten Entitätstypen.

R_t							
	K						
	$K_1:D_1$	$K_2:D_2$	$X_1:D_1$	...	$X_m:D_m$	$T_B:$Zeit	$T_E:$Zeit
T_1	V^k_{11}	V^k_{12}	V_{12}	...	V_{1m}	V_{1B}	V_{1E}
T_2	V^k_{21}	V^k_{22}	V_{22}	...	V_{2m}	V_{2B}	V_{2E}
...	...	...	...	...	...	...	...
T_n	V^k_{n1}	V^k_{n2}	V_{n2}	...	V_{nm}	V_{nB}	V_{nE}

Tabelle 22: zeitbezogene Beziehungs-Relation (Ausgangsrelation)

Die entstandene zeitbezogene Relation wird nach den selben Regeln, wie sie für zeitbezogene Relationen gelten, weiter zerlegt, um den Anforderungen der *temporalen*

Normalform gerecht zu werden. D.h., dass aus der Ausgangsrelation nach dem angeführten Zerlegungsalgorithmus mehrere Teilrelationen entstehen.

„Die zeitunabhängigen Attribute und die zeitabhängigen Attribute im weiteren Sinn können in eine Relation übernommen werden, da bei diesen Attributen entweder überhaupt keine Historie vorhanden ist (zeitunabhängige Attribute), oder aber die Historie im Kontext der modellierten Realität nicht relevant ist (zeitabhängige Attribute i.w.S.). *Das bedeutet, dass in dieser Relation je Objekt ein Tupel vorhanden ist,* zumindest dann, wenn in der Historie dieses Objekts keine Lücken auftreten. Das hat den Vorteil, dass sich Anfragen, die sich auf die gesamte Lebensdauer eines Objekts beziehen und die einzelnen Versionen unberücksichtigt lassen, direkt auf diese Relation beziehen können."[51]

Werden per Definition für einen Entitätstyp keine Lücken zugelassen, so sollte für die Umsetzung auf die entsprechenden Objekttabellen ein konventioneller PRIMARY KEY installiert werden.

---

[51] [Kai00] Seite 102

3.3.4 Beispiel

Wird der Zerlegungsalgorithmus auf das eingangs dargestellte Beispiel eines temporal erweiterten ER-Modells angewandt, so entsteht folgendes relationales Schema.

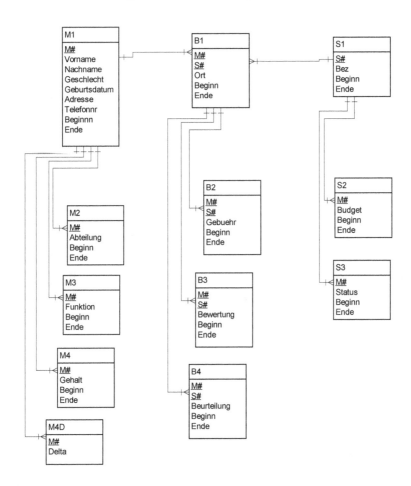

Abbildung 6: abgeleitete Relationen aus dem temporal erweiterten ER-Modell

3.4 Implementierungsvorgehensweise

Wurde das temporal erweiterte ER-Modell in das Relationenschema übergeleitet, kann als nächster Schritt die Implementierung in ein konkretes RDBMS (relationales Datenbankmanagement System) erfolgen. In diesem Kapitel wird nur auf die „direkte" Umsetzung des Modells RETTE eingegangen. Weiterführende Überlegungen zur Umsetzung und Architektur werden im Kapitel „TimeFrame" angeführt.

Der *relationale Kalkül* ist eine Sprache, die auf den Regeln der Prädikatenlogik aufbaut. Der Kalkül ist aber noch nicht die eigentliche Benutzersprache. Es ist dem Benutzer nicht zuzumuten, dass er sich die Regeln der Prädikatenlogik zu eigen macht, bevor er eine relationale Sprache anwendet.[52] In diesem Buch wird zur Umsetzung des Relationenschemas in eine relationale Benutzersprache SQL[53] (Structured Query Language) verwendet.

Die Relationen werden mit Hilfe von CREATE TABLE Anweisungen in die SQL umgesetzt. Dabei wird die Bezeichnung der Relation zu einem in SQL gültigen Namen transferiert. Attribute und deren Domäne werden zu Spalten und Datentypen mit gültigen Bezeichnungen.

3.4.1 Beispiel

Im Folgenden werden SQL[54] Anweisungen zur Umsetzung des Beispiels in das DBMS Oracle gegeben. Die Originalanweisungen in SQL92 bzw. SQL99 können aus [Kai00] Seite 116 ff. entnommen werden.

Implementierung

---

[52] vgl. [Gri90] Seite 79

[53] SQL ist die ANSI-ISO Norm für relationale Datenbanksprachen. Sie besitzt einen Kern, der auf einem Kalkül mit algebraischen Erweiterungen basiert. SQL wurde erstmalig bei IBM für den Prototypen System/R entwickelt. Im Moment ist SQL89 der Standard, dem alle gängigen Implementierungen von SQL in Datenbank Systemen genügen. Dort sind grundlegende Datentypen beschrieben, jedoch keine weiterreichenden Konsistenzbedingungen. So wurde zum Beispiel der Fremdschlüssel erst in der Erweiterung SQL89 IEF Level 2 festgehalten. Der Standard, dem die später betrachteten Systeme mehr oder weniger genügen, an dem sie sich jedoch alle orientieren, ist SQL92. Der Integration und Erweiterung objektrelationaler Konzepte in SQL92 dient der SQL3 Standard. SQL3 wurde als *SQL99* im Mai 1999 veröffentlicht, da nicht alle in SQL3 gesteckten Ziele erreicht wurden. Diese sollen nun mit dem in Arbeit befindlichen Standard SQL4 realisiert werden. Der SQL:99 Standard wurde von NCITS Technical Committee H2 für Datenbanken entwickelt.
Der korrekte Term SQL:1999 ist auch bekannt unter der Bezeichung SQL3 und SQL-99. SQL3 wurde als Arbeitsbezeichnung verwendet, bevor diese zum Standard deklariert wurde. Siehe dazu auch [Mel01]

[54] Für detailierte Informationen zum konkreten Sprachumfang des DBMS Oracle siehe [Lor01].

```
CREATE TABLE M1 (
    M#                  NUMBER(38)      NOT NULL,
    VORNAME             VARCHAR2(20)    NOT NULL,
    NACHNAME            VARCHAR2(20)    NOT NULL,
    GESCHLECHT          CHAR(1)         NOT NULL,
    GEBURTSDATUM        DATE            NOT NULL,
    ADRESSE             VARCHAR2(50)    NOT NULL,
    TELEFONNR           NUMBER(38)      NOT NULL,
    BEGINN              DATE            NOT NULL,
    ENDE                DATE            NOT NULL
);
CREATE OR REPLACE TRIGGER M1_PKT … ;
ALTER TABLE M1 ADD PRIMARY KEY (M#);

CREATE TABLE M2 (
    M#                  NUMBER(38)      NOT NULL,
    ABTEILUNG           VARCHAR2(6)     NOT NULL,
    BEGINN              DATE            NOT NULL,
    ENDE                DATE            NOT NULL
);
CREATE OR REPLACE TRIGGER M2_PKT ... ;
CREATE OR REPLACE TRIGGER M2_M1_FKT ... ;

CREATE TABLE M3 (
    M#                  NUMBER(38)      NOT NULL,
    FUNKTION            VARCHAR2(20)    NOT NULL,
    BEGINN              DATE            NOT NULL,
    ENDE                DATE            NOT NULL
);
CREATE OR REPLACE TRIGGER M3_PKT ... ;
CREATE OR REPLACE TRIGGER M3_M1_FKT ... ;

CREATE TABLE M4 (
    M#                  NUMBER(38)      NOT NULL,
    GEHALT              NUMBER          NOT NULL,
    BEGINN              DATE            NOT NULL,
    ENDE                DATE            NOT NULL
);
CREATE OR REPLACE TRIGGER M4_PKT ... ;
CREATE OR REPLACE TRIGGER M4_M1_FKT ... ;

CREATE TABLE M4D (
    M#                  NUMBER(38)      NOT NULL,
    DELTA               DATE            NOT NULL
);

CREATE TABLE S1 (
    S#                  NUMBER(38)      NOT NULL,
    BEZ                 VARCHAR2(40)    NOT NULL,
    BEGINN              DATE            NOT NULL,
    ENDE                DATE            NOT NULL
);
CREATE OR REPLACE TRIGGER S1_PKT ... ;
ALTER TABLE S1 ADD PRIMARY KEY (S#);

CREATE TABLE S2 (
    S#                  NUMBER(38)      NOT NULL,
    BUDGET              NUMBER          NOT NULL,
    BEGINN              DATE            NOT NULL,
```

```
  ENDE                    DATE            NOT NULL
);
CREATE OR REPLACE TRIGGER S2_PKT ... ;
CREATE OR REPLACE TRIGGER S2_S1_FKT ... ;

CREATE TABLE S3 (
  S#                      NUMBER(38)      NOT NULL,
  STATUS                  NUMBER          NOT NULL,
  BEGINN                  DATE            NOT NULL,
  ENDE                    DATE            NOT NULL
);
CREATE OR REPLACE TRIGGER S3_PKT ... ;
CREATE OR REPLACE TRIGGER S3_S1_FKT ... ;

CREATE TABLE B1 (
  M#                      NUMBER(38)      NOT NULL,
  S#                      NUMBER(38)      NOT NULL,
  ORT                     VARCHAR2(20)    NOT NULL,
  BEGINN                  DATE            NOT NULL,
  ENDE                    DATE            NOT NULL
);
CREATE OR REPLACE TRIGGER B1_PKT ... ;
CREATE OR REPLACE TRIGGER B1_M1_FKT ... ;
CREATE OR REPLACE TRIGGER B1_S1_FKT ... ;

CREATE TABLE B2 (
  M#                      NUMBER(38)      NOT NULL,
  S#                      NUMBER(38)      NOT NULL,
  GEBUEHR                 NUMBER          NOT NULL,
  BEGINN                  DATE            NOT NULL,
  ENDE                    DATE            NOT NULL
);
CREATE OR REPLACE TRIGGER B2_PKT ... ;
CREATE OR REPLACE TRIGGER B2_B1_FKT ... ;

CREATE TABLE B3 (
  M#                      NUMBER(38)      NOT NULL,
  S#                      NUMBER(38)      NOT NULL,
  BEWERTUNG               NUMBER          NOT NULL,
  BEGINN                  DATE            NOT NULL,
  ENDE                    DATE            NOT NULL
);
CREATE OR REPLACE TRIGGER B3_PKT ... ;
CREATE OR REPLACE TRIGGER B3_B1_FKT ... ;

CREATE TABLE B4 (
  M#                      NUMBER(38)      NOT NULL,
  S#                      NUMBER(38)      NOT NULL,
  BEURTEILUNG             NUMBER          NOT NULL,
  BEGINN                  DATE            NOT NULL,
  ENDE                    DATE            NOT NULL
);
CREATE OR REPLACE TRIGGER B4_PKT ... ;
CREATE OR REPLACE TRIGGER B4_B1_FKT ... ;
```

Die detaillierten Anweisungen für die Trigger wurden aus Platzgründen an dieser Stelle nicht angeführt. In den Abschnitten bezüglich des `Primary Key Temporal` und `Foreign Key Temporal` ist jeweils ein Beispiel eines Triggers abgebildet und kann analog auf alle anderen Tabellen des Beispiels angewendet werden.

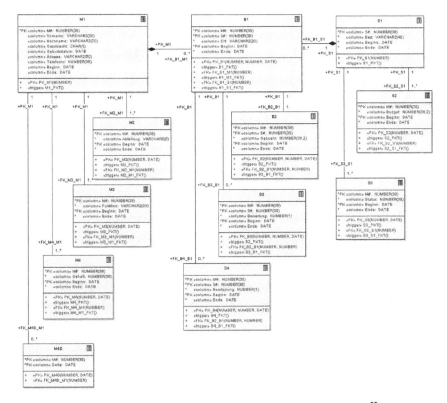

Abbildung 7: Darstellung des Tabellenschemas in UML Notation[55]

---

[55] In [Spa02], [Spa03], [Amb02] und [Rat00] wird die Verwendung eines UML Profils für Datenmodellierung vorgeschlagen, um ein Tabellenschema in UML darzustellen. In [Spa02] wird eine Tabelle als eine Stereotype Klasse umgesetzt. Dies wird mittels Symbol in der rechten oberen Ecke dargestellt. Datenbankkronstrukte wie „trigger", „check constraints", „primary key contraints", „foreign keys", „indexes" und „unique key constraints" werden als sterotype Operationen dargestellt. Ein Fremdschlüssel wird als eine Kollektion von Spalten (Attributen) angesehen, die zusammen eine gemeinsame operationale Bedeutung besitzen (sie erzwingen eine Beziehung zu einem Primärschlüssel in einer anderen Tabelle). Ein Fremdschlüssel wird daher als Operation, die als Sterotyp „FK" gekennzeichnet ist und die als Parameter die Spalten, die diesen Schlüssel betreffen, modelliert.

Die Umsetzung der in [Kai00] vorgeschlagenen Konstrukte PRIMARY KEY TEMPORAL, FOREIGN KEY TEMPORAL, UNIQUE TEMPORAL und MANDATORY TEMPORAL in SQL92 bzw. SQL99 Syntax kann für die Implementierung in die kommerzielle Datenbanken Oracle nicht direkt herangezogen werden. Der Grund dafür ist, dass derzeit der volle Umfang von SQL99 nicht unterstützt wird. Zur Realisierung des Beispiels wurden die Schemaanweisungen an das konkrete DBMS Oracle angepasst.

3.4.2   Primary Key Temporal

Für konventionelle Tabellen lautet die Schemaanweisung zur nachträglichen Erzeugung von Primärschlüssel wie folgt:

```
ALTER TABLE M1 ADD PRIMARY KEY(M#);
```

Dies bewirkt, dass die Spalte M# auf NOT NULL gesetzt wird und zur Sicherstellung der Eindeutigkeit der Werte dieser Spalte ein impliziter UNIQUE INDEX hinzugefügt wird.

Die Anweisung

```
ALTER TABLE M1 ADD PRIMARY KEY TEMPORAL(M#);
```

kann nicht direkt in den derzeit implementierten SQL Sprachumfang übersetzt werden. Jedoch kann die temporale Entitätsintegrität und die temporale referentielle Integrität in SQL im Prinzip mit einem konventionellen FOREIGN KEY und einer entsprechenden CHECK-Bedingung formuliert werden.

Das DBMS Oracle unterstützt derzeit weder *Assertions*, noch das Konstrukt des komplexen CHECK CONSTRAINT. Um dies zu implementieren, bedarf es im DBMS Oracle sogenannter *Trigger*. In [Sno00][56] Seite 137 ist die Schemaanweisung zur Implementierung eines solchen Triggers beschrieben. Die unten angeführten Schemaanweisungen basieren auf diesen Angaben, wurden jedoch um Prüfroutinen, des im Modell RETTE vorgestellten PRIMARY KEY TEMPORAL erweitert.

Folgende Überprüfungen werden in dieser Implementierung berücksichtigt:

- UNIQUE: Überprüfung der Primärschlüsselattribute und des Zeitstempelattributs BEGINN auf Eindeutigkeit. D.h., es darf in der Tabelle kein anderer Satz enthalten sein, dessen Attribute mit dem neu einzufügenden übereinstimmen.

- NOT NULL: Es wird überprüft, ob alle Primärschlüsselattribute und Zeitstempelattribute nicht leer sind.

- GUELTIGKEITSZEIT: Es wird überprüft, ob der Beginn der *Gültigkeitszeit* vor dem Ende dieser positioniert ist.

---

[56] An dieser Stelle sind auch andere Beispiele für die Implementierung in kommerzielle DBMS dargestellt.

- ÜBERLAPPUNGSFREI: Es wird geprüft, ob ein Datensatz im Bereich liegt – ob bereits eine Ausprägung in dieser Zeitspanne liegt. D.h., es wird auf Überlappungsfreiheit validiert.

Implementierung

```
CREATE OR REPLACE TRIGGER M1_PKT
AFTER INSERT OR UPDATE ON M1
DECLARE
  valid NUMBER(1);
BEGIN
  SELECT 1 INTO VALID FROM DUAL
  WHERE
    -- Unique
    NOT EXISTS (
      SELECT *
      FROM M1 a, M1 b
      WHERE
      a.M# = b.M# AND
      a.BEGINN = b.BEGINN AND
      a.ROWID <> b.ROWID
    )
    -- Not Null
    AND
      NOT EXISTS (
      SELECT *
      FROM M1 a
      WHERE
        a.M# is NULL OR
        a.BEGINN is NULL OR
        a.ENDE is NULL
      )
    -- Gültigkeitszeit
    AND
      NOT EXISTS (
        SELECT *
        FROM M1 a
        WHERE
          a.BEGINN > a.ENDE
      )
    -- Überlappungsfrei
    AND
      NOT EXISTS (
        SELECT *
        FROM M1 a, M1 b
        WHERE
          a.M# = b.M# AND
          b.BEGINN <> a.BEGINN AND
          b.BEGINN <= a.ENDE AND
          a.BEGINN <= b.ENDE AND
          a.ROWID <> b.ROWID
      )
  ;
EXCEPTION
  WHEN NO_DATA_FOUND THEN
    RAISE_APPLICATION_ERROR(-20001, 'primary key temporal violated');
END;
```

Der oben angeführte Trigger ist zwar inhaltlich korrekt, doch für den praktischen Einsatz bei vorliegen großer Datenmengen nicht sehr leistungsstark. Bei jeder Prüfung würde die gesamte Tabelle überprüft. Um das Laufzeitverhalten zu steigern, wurde dieser „table level" Trigger auf einen „record level" Trigger geändert. Diese Art des Triggers kann jedoch nicht für Update Operationen angewandt werden, da Oracle keinen Zugriff auf eine zu ändernde Tabelle innerhalb eines BEFORE-Triggers erlaubt und folgende Fehlermeldung bringen würde:

```
table M1 is mutating, trigger/function may not see it
```

Diese „*self mutating table restriction*" kann umgangen werden indem die zu prüfenden Werte „zwischengespeichert" werden. Auf diese Technik wird im Rahmen dieses Buchs nicht näher eingegangen. Diese Technik wird jedoch von dem im Kapitel „TimeFrame" anführte Framework „Headstart" unterstützt.

Implementierung

```
CREATE OR REPLACE TRIGGER M1_PKT
BEFORE INSERT ON M1
FOR EACH ROW
DECLARE
  valid NUMBER(1);
BEGIN
  SELECT 1 INTO VALID FROM DUAL
  WHERE
    -- Unique
    NOT EXISTS (
      SELECT *
      FROM M1 a
      WHERE
      a.M# = :NEW.M# AND
      a.BEGINN = :NEW.BEGINN
    )
    -- Not Null
  AND
      (:NEW.M# is NOT NULL AND
       :NEW.BEGINN is NOT NULL AND
       :NEW.ENDE is NOT NULL)
    -- Gültigkeitszeit
  AND
      (:NEW.BEGINN <= :NEW.ENDE)
    -- Überlappungsfrei
  AND
      NOT EXISTS (
        SELECT *
        FROM M1 a
        WHERE
          :NEW.M# = a.M# AND
          :NEW.BEGINN <> a.BEGINN AND
          :NEW.BEGINN <= a.ENDE AND
          a.BEGINN <= :NEW.ENDE
      )
  ;
EXCEPTION
  WHEN NO_DATA_FOUND THEN
    RAISE_APPLICATION_ERROR(-20001, 'primary key temporal violated');
```

```
END;
/
```

3.4.3   Foreign Key Temporal

Der temporale Fremdschlüssel darf nicht mit einem *zeitbezogenen Beziehungstyp* des ER-Modells verwechselt werden. Zeitbezogene Beziehungstypen werden im Modell RETTE zu eigenständigen Relationen aufgelöst und diese wiederum zu Tabellen in einem konkreten RDBMS (relationalen Datenbank Managementsystem).

Die FOREIGN KEY TEMPORAL Bedingung ist erfüllt, wenn folgende Suchbedingungen wahr sind:

- REFERENTIELLE INTEGRITÄT: Die konventionelle referentielle Integrität (Schlüsselbasierte Inklusionsabhängigkeit) muss sichergestellt sein. Die referentielle Integrität besagt, dass für alle Fremdschlüsselwerte, die ungleich null sind, Entsprechungen in den referenzierten Tabellen existieren müssen.

- INNERHALB[57]: Die Gültigkeitszeit der referenzierten Zeile muss innerhalb der Referenzierenden liegen.

Implementierung

```
CREATE OR REPLACE TRIGGER M2_FKT
AFTER INSERT OR UPDATE ON M2
DECLARE
  valid NUMBER(1);
BEGIN
  SELECT 1 INTO VALID FROM DUAL
  WHERE
      NOT EXISTS (
        SELECT *
        FROM M2 r
        WHERE
          NOT EXISTS (
            SELECT *
            FROM M1 s
            WHERE
            r.M# = s.M# AND
            s.BEGINN <= r.BEGINN AND
            r.ENDE <= s.ENDE
          )
  );
EXCEPTION
  WHEN NO_DATA_FOUND THEN
    RAISE_APPLICATION_ERROR(-20001, 'foreign key temporal violated');
END;
/
```

---

[57] Dieser Operator wird in [Sno00] als during bezeichnet. Für die Umsetzung von temporalen Operatoren in das DBMS Oracle siehe u.a. [Sno00] Seiten 93 ff.

3.4.4   Mutationsoperationen

Auf die mittels RETTE erzeugten und implementierten zeitbezogenen Relationen können alle relationalen Operationen angewendet werden. Dennoch bietet das Modell RETTE eigene *konzeptionelle Operationen*, die auf der Ebene der Entitäten definiert werden.

Durch *API*s (Application Programming Interfaces) kann eine Ebene zwischen Tabellen und Endanwender eingezogen werden, um die doch sehr komplexen Mutationsoperationen zu kapseln. Durch INSTEAD OF Trigger[58] auf Views können beim Einfügen, Ändern und Löschen diese *API*s angesprochen werden. Die in [Kai00] vorgestellten PL/SQL[59] Prozeduren werden in das API aufgenommen und in der Trigger-Logik gekapselt. Beim Durchführen einer DML-Operation (data manipulation language) auf der entsprechenden View werden die Trigger aktiv und rufen die entsprechenden APIs auf. Daraufhin erfolgt die prozedurale Abarbeitung der Operationen in die Objekttabelle und die Teil-Tabellen. Detaillierte Informationen zur Umsetzung dieses Konzepts werden im Kapitel „TimeFrame" gegeben.

Für den Anwender der SQL ändert sich an der Verwendung der DML (data manipulation language) nichts. Die APIs werden dabei im Hintergrund – d.h. von Triggern - aufgerufen und nicht vom Benutzer direkt.

Erst nach Ausführen der konzeptionellen Insert Operation von RETTE muss sich die gesamte temporale Datenbank wieder in einem konsistenten Zustand befinden. Für die Implementierung der APIs und Trigger bedeutet dies das Setzten von sogenannten *savepoints* an geeigneter Stelle. Für die Validierung heißt dies, dass diese erst nach Abschluss der „logischen" temporalen Transaktion durchgeführt werden kann. Alle Einfügungen in der Objektrelation und den Teilrelationen sind zu einer *konzeptionellen Transaktion* zusammenzufassen.[60]

Temporale Einfüge-Operation

Die konzeptionelle Einfüge-Operation bezieht sich auf das Einfügen eines neuen Objekts in einen zeitbezogenen Entitätstyp.

Um eine konzeptionelle Einfügeoperation für das Beispiel auch entsprechend nachvollziehen zu können, werden im Folgenden die einzelnen SQL-Anweisungen zum Einfügen eines Beispieldatensatzes in das erzeugte Schema angeführt.

---

[58] Für die genaue Spezifikation siehe [Lor01] Seite 14-82.

[59] Für eine detaillierte Beschreibung dieser Programmiersprache siehe [PR01].

[60] [Kai00] Seite 136 u. 137

```
insert into M1 (
   M#
  ,VORNAME
  ,NACHNAME
  ,GESCHLECHT
  ,GEBURTSDATUM
  ,ADRESSE
  ,TELEFONNR
  ,BEGINN
  ,ENDE
) values (
   1
  ,'Raul'
  ,'Mayer'
  ,'M'
  ,to_date('29.09.1965','DD.MM.YYYY')
  ,'Augasse 2-6'
  ,16001438
  ,to_date('01.01.1999','DD.MM.YYYY')
  ,to_date('31.12.9999','DD.MM.YYYY')
);

insert into M2 (
   M#
  ,ABTEILUNG
  ,BEGINN
  ,ENDE
) values (
   1
  ,'AI'
  ,to_date('01.01.1999','DD.MM.YYYY')
  ,to_date('31.12.9999','DD.MM.YYYY')
);

insert into M3 (
   M#
  ,FUNKTION
  ,BEGINN
  ,ENDE
) values (
   1
  ,'ASSISTENT'
  ,to_date('01.01.1999','DD.MM.YYYY')
  ,to_date('31.12.9999','DD.MM.YYYY')
);

insert into M4 (
   M#
  ,GEHALT
  ,BEGINN
  ,ENDE
) values (
   1
  ,20000
  ,to_date('01.01.1999','DD.MM.YYYY')
  ,to_date('31.12.9999','DD.MM.YYYY')
);
```

Beim Einfügen eines Objektes in einen zeitbezogenen Entitätstyp wird in alle durch den Zerlegungsalgorithmus entstandenen Teilrelationen außer der Deltarelation jeweils ein Datensatz eingefügt.

M1				
M#	...	NACHNAME	BEGINN	ENDE
1		MAIER	01.01.1997	31.12.9999 [61]

M2			
M#	ABTEILUNG	BEGINN	ENDE
1	AI	01.01.1997	31.12.9999

M3			
M#	FUNKTION	BEGINN	ENDE
1	ASSISTENT	01.01.1997	31.12.9999

M4			
M#	GEHALT	BEGINN	ENDE
1	20000	01.01.1997	31.12.9999

Die Einfüge- und Änderungsoperationen für die Teilrelationen können sehr umfangreich werden, wenn man davon ausgeht, dass für die Historie alle Attribute eines Entitätstyp (ausgenommen zeitunabhängiger Schlüssel und Zeitstempelattribute) aufgezeichnet werden könnten. Dies erfordert eine Teilrelation und somit eine eigene Tabelle für jedes Attribut des Entitätstyps.

---

[61] Der Datumswert ‚31.12.9999' – der im DBMS Oracle und SQL-Standard höchste darstellbare Zeitwert - wird als Substitut für ‚*bis auf weiteres*' herangezogen. Für eine detailiertere Ausführung siehe das Kapitel TimeFrame.

Temporale Änderungs-Operationen

Mit der konzeptionellen Änderungs-Operation wird ein bestehendes Objekt eines zeitbezogenen Entitätstyps geändert.

Was geschieht bei Durchführung einer „Änderung" eines zeitabhängigen Attributs im engeren Sinn? „Wenn sich der Wert eines zeitabhängigen Attributs i.e.S. ändert, muss in der entsprechenden ... Relation eine *neue Version* angelegt werden."[62] Es wird davon ausgegangen, dass sich jeweils der zuletzt gültige Wert ändert – dies wird in [Sno00] als „current modification" bezeichnet und folgendermaßen beschrieben: „A current modification concerns something that happens right now and applies into the future."[63]

In [Sno00] werden folgende Arten von Modifikationen unterschieden.

Modifikation	Beschreibung
current modification	Eine *Jetzt-Modfikation* betrifft das Jetzt (now) bis auf weiteres (forever).
sequenced modification	Eine *Abfolge-Modifikation* betrifft eine angegebene Periode (period of applicability). Diese Periode kann in der Vergangenheit oder der Zukunft liegen und auch das Jetzt überlappen.
nonsequenced modification	Eine *Nicht-Abfolge-Modifikation* behandelt die Zeitstempelattribute analog zu normalen Attributen.

Tabelle 23: Arten von Modifikationen

Diese Unterscheidung bezieht sich in [Sno00] vor allem auf die Tupel-Zeitstempelung, lässt sich jedoch auch auf die *konzeptionellen Operationen* des Modells RETTE anwenden. Wurden in [Kai00] vor allem „current modifications" adressiert, so werden diese im Folgenden auf „sequenced modifications" erweitert.

Was geschieht bei Durchführung von „Korrekturen" in der Teilrelation? „Wenn sich das Gültigkeitsintervall der neuen Version mit dem Gültigkeitsintervall der Vorversion überlappt, muss der Endzeitpunkt der Vorversion entsprechend geändert werden, da jedes Objekt zu jedem Zeitpunkt nur eine gültige Version besitzen kann."[64]

„Eine Überlappung der Gültigkeitsintervalle wird jedenfalls immer dann auftreten, wenn in der Vorversion das Faktum als ‚bis auf weiteres gültig' eingetragen wurde. ... Es wird dabei angenommen, dass keine Update-Operationen durchgeführt werden können, die einen in der Vergangenheit liegenden Zustand des Objekts betreffen."[65]

---

[62] [Kai00] Seite 139

[63] [Sno00] Seite 176

[64] [Kai00] Seite 139

[65] [Kai00] Seite 139

Wird der Punkt 3[66] der Beschränkung für Änderungs-Operationen – der Beginnzeitpunkt der aktuellen Version liegt vor dem Beginnzeitpunkt der Vorversion - aufgehoben, so sind für die Teilrelationen auch Änderungen der Gültigkeitszeit in Vergangenheit und Zukunft möglich. Dabei darf es aber weiterhin nach Abschluss der Transaktion nicht zu einer Überlappung der Gültigkeitsintervalle, was der temporalen Entitätsintegrität widersprechen würde, kommen.

Um dennoch eine korrekte Teilrelation bei Durchführung der Änderungs-Operation zu erhalten, ist eine entsprechend komplexe Abfolge im Änderungs-Algorithmus notwendig.

Durchführung eines „sequenced update":

- Einfügen der alten Werte vom Beginn bis zum Beginn der angegebenen Periode
- Einfügen der alten Werte vom Ende der angegebenen Periode bis zum Ende
- Ändern der expliziten Spalten der Zeilen, welche die angegebene Periode überlappen
- Ändern des Beginns auf den angegebenen Beginn der Zeilen, die die angegebene Periode überlappen
- Ändern des Endes auf das Ende der angegebenen Periode der Zeilen, welche die angegebene Periode überlappen

Beispiel[67]: Das zuvor angelegte Objekt soll modifiziert werden. Dabei wird der Nachname gleich ‚Huber', die neue Funktion gleich ‚Dozent' gesetzt. Bei einer durchgeführten Gehaltserhöhung geht der Mitarbeiter leer aus. Die Änderungen werden mit 1.1.1999 wirksam und gelten bis auf weiteres. Die durchzuführende Änderung entspricht einer „current modification".

```
UPDATE MITARBEITER
SET NACHNAME='Huber', FUNKTION='DOZENT', GEHALT='20000',
BEGINN='01.01.1999', ENDE='31.12.9999'
WHERE M#=1;
```

---

[66] [Kai00] Seite 141

[67] siehe [Kai00] Seite 144 – Beispiel 8

Diese Operation würde in folgende Anweisungen zerlegt werden:

```
UPDATE M1                              UPDATE M4
SET NACHNAME = ,HUBER',                SET ENDE = '31.12.9999'
ENDE = ,31.12.9999'                    WHERE    M#=1     AND     ENDE    =
WHERE    M#=1     AND     ENDE    =    ,31.12.9999';
,31.12.9999';
                                       INSERT INTO M4D (
UPDATE M3                                 M#, DELTA
SET ENDE = '31.12.1998'                ) VALUES (
WHERE    M#=1     AND     ENDE    =       1, '01.01.1999'
,31.12.9999';                          );

INSERT INTO M3 (
  M#, FUNKTION, BEGINN, ENDE
) VALUES (
  1,                        'DOZENT',
'01.01.1999','31.12.9999'
);
```

Nach Durchführung der Operationen nehmen die Tabellen den folgenden Zustand an:

M1				
M#	...	NACHNAME	BEGINN	ENDE
1		HUBER	01.01.1997	31.12.9999

M2			
M#	ABTEILUNG	BEGINN	ENDE
1	AI	01.01.1997	31.12.9999

M3			
M#	FUNKTION	BEGINN	ENDE
1	ASSISTENT	01.01.1997	31.12.1998
1	DOZENT	01.01.1999	31.12.9999

M4			
M#	GEHALT	BEGINN	ENDE
1	20000	01.01.1997	31.12.9999

M4D	
M#	DELTA
1	01.01.1999

Validierung des current update

Die dargestellte Operation ist im Sinne von RETTE zulässig. Dabei wird validiert, ob der Beginnzeitpunkt der Gültigkeitszeit vor dem Beginnzeitpunkt der letztgültigen Version liegt.

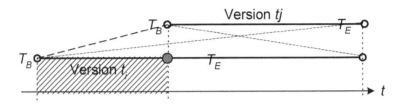

Abbildung 8: zulässige *current update* Operation

Kürzel	Beschreibung
$t_j(T_B) < t_i(T_B)$	Validierung, ob der Beginnzeitpunkt der aktuellen Version vor dem Beginnzeitpunkt der Vorversion liegt.
Version t_i	aktuelle – letztgültige - Version
Version t_j	neu einzufügende Version
T_B	Zeitstempelattribut Beginn
T_E	Zeitstempelattribut Ende

Beispiel: Es stellt sich heraus, dass bei der Durchführung der Mitarbeiteränderungen im Bezug auf die Funktion bei der Eingabe ein Fehler unterlaufen ist. Der Mitarbeiter war seit 1997 Assistent und bleibt dies auch „bis aus weiteres".

```
UPDATE MITARBEITER
SET FUNKTION='ASSISTENT'
BEGINN='01.01.1996', ENDE='31.12.9999'
WHERE M#=1;
```

Diese Operation würde in folgende Anweisungen zerlegt werden:

```
UPDATE M1
SET NACHNAME = ,HUBER',
ENDE = ,31.12.9999'
WHERE    M#=1    AND    ENDE    =
,31.12.9999';

UPDATE M3
SET ENDE = '31.12.1998'
WHERE    M#=1    AND    ENDE    =
,31.12.9999';

INSERT INTO M3 (
   M#, FUNKTION, BEGINN, ENDE
) VALUES (
   1,                    'DOZENT',
'01.01.1999','31.12.9999'
);
```

```
UPDATE M4
SET ENDE = '31.12.9999'
WHERE    M#=1    AND    ENDE    =
,31.12.9999';

INSERT INTO M4D (
   M#, DELTA
) VALUES (
   1, '01.01.1999'
);
```

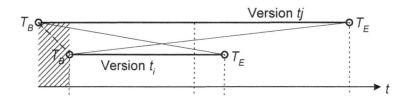

Abbildung 9: unzulässige 'current update' Operation

Die oben dargestellten Operation, in welcher der Beginn T_B der Version t_j vor dem Beginn T_B der Version t_i liegt, würde Modifikationen von mehr als zwei Tupel in der Teilrelation erfordern.

M1				
M#	**...**	**NACHNAME**	**BEGINN**	**ENDE**
1		HUBER	01.01.1997	31.12.9999

M2			
M#	**ABTEILUNG**	**BEGINN**	**ENDE**
1	AI	01.01.1997	31.12.9999

M3			
M#	**FUNKTION**	**BEGINN**	**ENDE**
1	ASSISTENT	01.01.1997	31.12.1998
1	DOZENT	01.01.1999	31.12.9999

M4			
M#	**GEHALT**	**BEGINN**	**ENDE**
1	20000	01.01.1997	31.12.9999

M4D	
M#	**DELTA**
1	01.01.1999

Die folgenden Diagramme stellen sechs Fälle und zwei Spezialfälle von „sequenced update" dar. Die Version t_i stellt das bereits enthaltene Element dar. Das neu einzufügende Element wird mit Version t_j bezeichnet. T_B und T_E stellen die Zeitstempelattribute dar. Es werden die beiden Elemente – altes und neues – jeweils vor als auch nach Durchführung der Änderungs-Operation dargestellt.

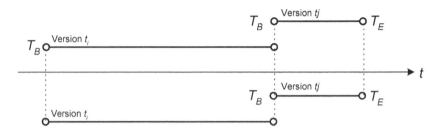

Abbildung 10: Neues Element folgt auf vorhandenes Element. (A)

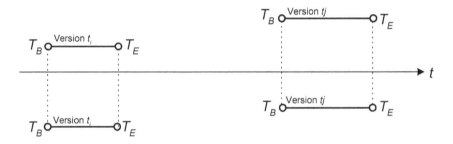

Abbildung 11: Das neue Element hat eine Lücke zu dem vorhandenen Element. (B)

Die ersten beiden Fälle beschreiben die aus [Kai00] Seite 138; die weiteren vier Fälle entsprechen denen aus [Sno00] Seite 196.

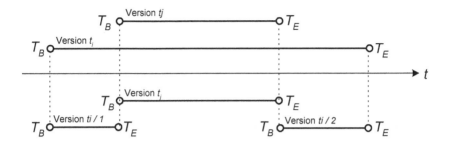

Abbildung 12: Neues Element liegt innerhalb eines vorhandenen Elements. (C)

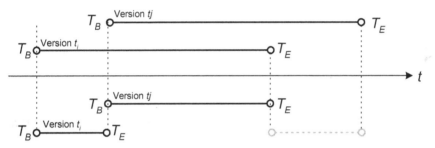

Abbildung 13: Neues Element beginnt und endet nach dem vorhandenen Element. (D)

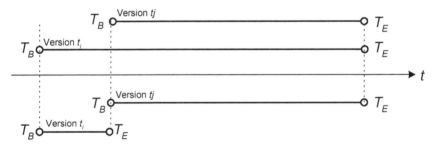

Abbildung 14: Sonderfall von (D), da die Zeitstempelattribute Ende des neuen Elements und des vorhandenen Elements zusammenfallen. (D1)

Die in [Kai00] beschriebenen konzeptionellen Modifikationen behandeln die hier dargestellten Fälle (A), (B) und (D1).

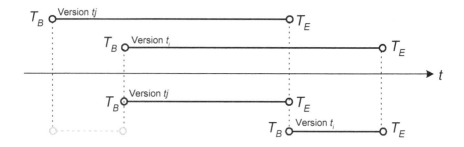

Abbildung 15: Neues Element beginnt und endet vor dem vorhandenen Element. (E)

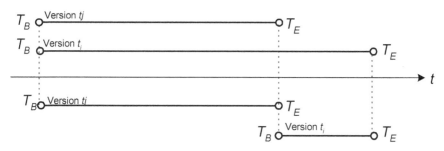

Abbildung 16: Sonderfall von (E), da die Zeitstempel für den Beginn zusammenfallen (E1)

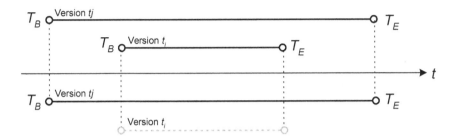

Abbildung 17: Neues Element überlappt vorhandenes Element. (F)

Die Behandlung der Sonderfälle (D1) und (E1) erfolgt gleich den Fällen (D) und (E).

3.4.5 Bitemporal

Das Modell RETTE behandelt nur die *Gültigkeitszeit*. Im Zuge der Umsetzungen des Modells RETTE in ein relationales Modell wurde der Versuch unternommen, dieses mit einem *bitemporalen Konstrukt* - d.h. Unterstützung sowohl der Gültigkeits- als auch der Transaktionszeit - zu verbinden. Dabei sollen durch diese Erweiterung die Grundkonzepte und die zuvor erwähnten Vorteile des Modells RETTE erhalten bleiben.

Journaltabelle

Die Aufzeichnung der Historie der Transaktionszeit kann mittels *Journaltabelle* erfolgen. Dieses Konstrukt wird während des physischen Modells eingebracht. Im logischen Modell wird dies nur festgelegt – d. h. die Tabelle wird als Kandidat für eine Journaltabelle gekennzeichnet. Der Vorteil dieser Lösung ist, dass das Aufzeichnen der Transaktionszeit auch nachträglich im Informationssystem ergänzt werden kann, ohne dabei das logische Datenmodell ändern zu müssen.

Unter *journalisieren* wird der Prozess des Aufzeichnens von Operationen, welche in Bezug auf eine Tabelle durchgeführt werden, in einer sogenannten Journaltabelle verstanden.[68] Eine *Journaltabelle* ist eine Tabelle, die verwendet wird, um jede Zeile, die in einer assoziierten Tabelle eingefügt, geändert oder gelöscht wird, aufzuzeichnen.

Das Konzept des Journalisierens wird in [Jen00] Seite 228 als „*Backlog-Based Representaion Scheme*" und in [Sno00] Seite 220 ff. als „*Tracking Log*" bezeichnet und

---

[68] siehe [Ora01]

beschrieben. Weiters wird in [Jen00] gezeigt, dass auch diese Umsetzung eine geeignete Alternative einer *bitemporalen konzeptuellen Relation* darstellt. Die Umsetzung wird im Detail im Kapitel „TimeFrame" behandelt.

Die „Bewirtschaftung" für die *Journaltabelle* wird durch ein TAPI (Table Application Programming Interface) übernommen. Wenn die Applikation das TAPI aufruft, um eine Zeile in eine für die Journalisierung gekennzeichnete Tabelle einzufügen, zu ändern oder zu löschen, werden die Journalspalten (also solche mit dem Präfix JN_) mit Werten ergänzt. Eine detaillierte Darstellung der Code-Fragmente wird im Kapitel „TimeFrame" gegeben.

Dieser Lösung ist allerdings nur dann der Vorzug zu geben, wenn die Aufzeichnungen bezüglich der Transaktionszeit nicht direkt in den operativen Teil der Applikation einfließen sollen. Kommt diese Art der Aufzeichnung der Transaktionszeit zur Anwendung, werden Attributzeitstempelung, auf der das Modell RETTE aufbaut, und Tupelzeitstempelung, die für die Journalisierung verwendet wird, vermengt.

Um ein System ausschließlich auf der Attributzeitstempelung aufzubauen, ist die Lösung mittels bitemporaler Relation vorzuziehen.

Bitemporale Relation

Diese Lösung betrifft das logische Datenmodell, in das für bitemporale Relationen die zwei Zeitstempelattribute T_B (START) und T_E (STOP)[69] - diese bezeichnen den Beginn und das Ende der Transaktionszeit - eingearbeitet werden.

```
CREATE TABLE M1
 (M# NUMBER(38) NOT NULL
 ,...
 ,BEGINN DATE
 ,ENDE DATE
 ,START DATE
 ,STOP DATE
 );

CREATE TABLE M2 (
  M#                NUMBER(38),
  ABTEILUNG         VARCHAR2(6),
  BEGINN            DATE,
  ENDE              DATE,
  START             DATE,
  STOP              DATE
);
```

---

[69] siehe [Sno00]

M1					
M#	. . .	BEGINN	ENDE	START	STOP
1		10.03.1998	05.10.1999	01.03.1998	01.10.1999

M2					
M#	ABTEILUNG	BEGINN	ENDE	START	STOP
1	CONS	10.03.1998	09.04.1998	01.03.1998	31.03.1998
1	CORE	10.04.1998	05.10.1999	01.04.1998	01.10.1999

Für fortlaufende Einträge, bei denen jeweils die zuletzt eingetragene Information fortgeschrieben wird, kann für das obige Beispiel das Modell RETTE weiterhin zur Anwendung gelangen. Dies ist dann möglich, wenn die Transaktionszeitstempel als Attribute, die zur selben Synchronitätsklasse gehören, da sich diese für jeden Eintrag ändern müssen, betrachtet werden.

Transaktionszeitstempel im weiteren Sinne: Interessiert die Historie der Transaktionszeit nicht im engeren Sinne, so ist es möglich, den Zeitstempel für das Ende der Transaktionszeit zu ändern (im Sinne von zuletzt geändert am – LAST_UPDATED), wenn sich in der Objekttabelle ein Attribut ändert. Der Beginn der Transaktionszeit wird beim Eintragen des Datensatzes mittels Systemzeit befüllt.

Transaktionszeitstempel im engeren Sinne: Die Historie der Transaktionszeit soll nachvollziehbar sein. Wird neue Information in das System eingebracht, so soll auch nachvollziehbar sein, wann diese im System gültig war.

	Zeitstempel-attribute T_B und T_E der Gültigkeitszeit	Zeitstempel-attribute T_{ST} und T_{SP} der Transaktionszeit	Anmerkung
zeitbezogene Objekttabelle	Ja	Nein	
zeitbezogene Objekttabelle und Transaktionszeit	Ja	Ja (im weiteren Sinne)	

Tabelle 24: Gegenüberstellung von Gültigkeits- und Transaktionszeit

	Zeitstempel-attribute T_E und T_E der Gültigkeitszeit	Zeitstempel-attribute T_{ST} und T_{SP} der Transaktions-zeit	Anmerkung
zeitunabhängiges Attribut	Nein	Nein	bereits in der zeitbezogenen Objekttabelle berücksichtigt
zeitabhängiges Attribut im weiteren Sinn	Nein	Nein	bereits in der zeitbezogenen Objekttabelle berücksichtigt
zeitabhängiges Attribut im engeren Sinn	Ja	Nein	
zeitabhängiges Attribut im engeren Sinn mit Transaktionszeit	Ja	Ja	
zyklisches Attribut	Ja	Nein	
zyklisches Attribut mit Transaktionszeit	Ja	Ja	

Tabelle 25: Gegenüberstellung von Gültigkeits- und Transaktionszeit

Durch Ausgestaltung der Attributtabelle als bitemporale Tabelle im Sinne von [Sno00] kann die Anforderung der Snapshot-Reduzierbarkeit[70] – zu jedem Zeitpunkt ist genau ein Wert gültig – weiterhin erfüllt werden.

---

[70] siehe [Kai00] Seite 58 Kriterium K7

Exkurs: Tupelzeitstempelung und Attributarten

Auch bei Anwendung der Tupelzeitstempelung[71] zeigt sich die Anwendung der zuvor beschriebenen Attributarten für die Umsetzung als Vorteil und Vereinfachung.

Auch bei der Tupelzeitstempelung können die Mutationsoperationen auf der konzeptionellen Ebene definiert werden.[72] Die Auflösung der konzeptionellen Operation in konkrete DML-Anweisungen unterscheidet sich jedoch im Detail von jener der Attributzeitstempelung des Modells RETTE.

Die Umsetzung in konkrete DML-Anweisungen kann einfacher durchgeführt werden, wenn bereits im konzeptionellen Modell in Attributarten unterschieden wird.

Attributart	Operation	Anmerkung
nicht zeitbezogene Attribute	Operation zurückgewiesen, da keine Änderung möglich ist.	
zeitbezogene Attribute im weiteren Sinn	Das Attribut wird für das gesamte temporale Element geändert.	Da ein temporales Element durch mehrerer Tupel repräsentiert werden kann, sind alle beteiligten Tupel zu ändern.
zeitbezogene Attribute im engeren Sinn	Ein neues temporales Element wird in dem angegebenen Zeitabschnitt angelegt.	
zyklische Attribute		
Zeitstempelattribute	Das temporale Element wird geändert.	Die Änderung eines temporalen Elements mündet zumeist im Hinzufügen/Einfügen eines Tupels.

Tabelle 26: Operationen und betroffene Attribute

Wird die Unterscheidung in Attributarten nicht getroffen, hat sich in der praktischen Umsetzung gezeigt, dass die Unterscheidung, ob die Transaktion im Anlegen eines neuen temporalen Elements oder dem Ändern eines vorhandenen temporalen Elements mündet, schwer fällt. Weiter erschwert wird dies, wenn die Unterscheidung in Attributarten nicht vorgenommen wird und die Verwendung von *Surrogatschlüssel*[73] zur Anwendung kommt.

---

[71] Weil diese Art der temporalen Umsetzung in dieser Arbeit nicht primär Verwendung findet sei hier für eine detaillierte Beschreibung dieser auf [Sno00] und [Jen00] verwiesen.

[72] [Jen00] Seite 223 ff.

[73] Surrogatschlüssel – künstliche Schlüssel - finden dann Anwendung, wenn weder natürliche Primärschlüssel noch andere eindeutige Schlüssel identifiziert werden können.

3.5   Resümee

In diesem Kapitel wurde das Modell RETTE dargestellt und gezeigt wie der Aspekt Zeit in betrieblichen Informationssystemen modelliert werden kann. Es wurde das Modell RETTE[74] zusammenfassend dargestellt und dessen Relevanz für betriebliche Informationssysteme vor allem im relationalen Bereich aufgezeigt.

Es wurde eine kurze Einführung in das Thema des temporal erweiterten ER-Modells gegeben, um danach einen Überblick der Vorgehensweisen des Modells RETTE zur Umsetzung zeitbezogener Datenbanken aufzuzeigen. Dazu wurde für die Implementierung aus dem angeführten Beispiel Schemaanweisungen für das kommerzielle DBMS Oracle hergeleitet.

Um das temporal erweiterte ER-Modell effizient in ein kommerzielles RDBMS umsetzen zu können, soll in einem weiteren Kapitel die Frage untersucht werden, ob die Einbettung in eine I-CASE (integrated computer aided system engineering) Umgebung möglich ist. Zur praktischen Anwendung bedarf es nun noch einiger Erweiterungen der vorgestellten Mutationsoperationen.

Ein weiterer Vorteil des Modells RETTE ist, dass die generelle Vorgehensweise, auch dann anwendbar ist, wenn das Zielsystem den temporalen Aspekt in seinem Sprachumfang und Operationen unterstützt. Was sich ändert ist lediglich die Übersetzung in das konkrete logische und physische Modell.

Das nächste Kapitel behandelt die Frage der Umsetzung des Modells RETTE in einer objektorientierten Systemumgebung.

---

[74] siehe [Kai00]

*„... lass uns von den Göttern Abschied nehmen!
- Von dieser Klasse ja, mein Sokrates, wenn du's
willst; warum solltest du dich aber nicht über
solche auslassen wie Sonne, Mond und Sterne,
Erde, Äther, Luft, Feuer Wasser, Jahreszeiten und
Jahr?"[75]*

4 RETTE und das objektorientierte Umfeld

Für die adäquate Berücksichtigung der Zeitdimension bei der Entwicklung relationaler Informationssysteme wurden in den letzten Jahren einige Vorschläge gemacht (vgl. dazu etwa das Modell TimeER ([GJ98] und [GMJ98]), das Modell RETTE [Kai00], das Modell Chrono [BS98], für einen Vergleich von temporal erweiterten Modellen auf der konzeptionellen Ebene vgl. [GJM97]). Im Bereich der Entwicklung *objektrelationaler Informationssysteme* existieren für die Berücksichtigung der Zeitdimension bis jetzt kaum durchgängige Vorschläge.

Erfährt der temporale Aspekt bei der Informationssystemgestaltung so früh wie möglich Berücksichtigung, so kann in späteren Entwicklungsphasen entsprechend dem Funktionsumfang des DBMS (dieser wird von Version zu Version der kommerziellen und frei verfügbaren DBMS umfangreicher) darauf eingegangen werden. Das Modell RETTE zeigt sich flexibel genug, um modular auf solche Änderungen eingehen zu können, ohne dabei das Gesamtkonzept verwerfen zu müssen.

In diesem Kapitel werden zwei Fragestellungen untersucht:

1. Auf welche Art und Weise kann die Zeitdimension bei der Entwicklung von objektrelationalen Informationssystemen mittels UML berücksichtigt werden?

---

[75] [Pla98] Seite 56

2. Eignet sich das Modell RETTE, das für die Behandlung zeitbezogener Aspekte für relationale Systeme entworfen wurde, auch für das objektrelationale Modell?

4.1   Objektrelationales Modell

Die Datenbankmanagementsysteme haben sich von hierarchischen zum Netzwerkmodell und weiter zum relationalen Modell entwickelt. Das am weitesten verbreitete und akzeptierte Modell ist immer noch das relationale Modell.

Fast alle kommerziellen Anbieter von relationalen Datenbanksystemen haben ihre Produkte um die „Objektorientierung" erweitert[76] und bieten nun ihre DBMS als objektrelationale Datenbanken an. Die SQL3 Spezifikation berücksichtigt bereits objektrelationale Konstrukte wie „user-defined data types", „type constructors", „collection types", „user-defined functions" und „procedures", Unterstützung für „large objects" und „triggers".

In [Sto99] wird versucht, eine Klassifizierung aufgrund des zu dieser Zeit neu entstandenen Funktionsumfangs von Datenbankmanagementsystemen zu geben. In [Gep02] wird der Versuch einer Genealogie unternommen und in [PK99] wird versucht die Evolution zur objektrelationalen Datenbank zu beschreiben.

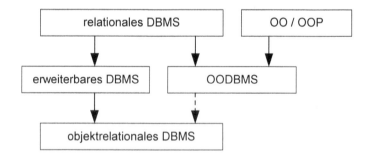

Abbildung 18: Historie objektorientierter und objektrelationaler DBMS[77]

DBMS .. Datenbankmanagementsystem
OO .. Objektorientierung
OOP .. objektorientierte Programmierung
OODMBS .. objektorientiertes Datenbankmanagementsystem

---

[76] siehe z.B. [Sto99] oder [EN00] Seite 435 ff.

[77] [Gep02] Seite 30

In [Gep02] wird der Unterschied von objektorientierten und objektrelationalen Datenbankmanagementsystemen wie folgt herausgearbeitet:

OODBMS	Objektorientierte DBMS verfolgen den revolutionären Ansatz der Entwicklung völlig neuer Objektmodelle und Systeme ohne Rücksicht auf existierende Systeme, Sprachen und Datenbestände.
ORDBMS	Objektrelationale DBMS repräsentieren einen evolutionären Ansatz, in dem existierende relationale DBMS um objektorientierte Eigenschaften erweitert werden.

Tabelle 27: Gegenüberstellung OODBMS und ORDBMS

Objektorientierte Datenbanken folgen dem objektorientierten Paradigma auch bei der Datenspeicherung. Objektrelationale Datenbanken bieten die Möglichkeiten der Objektorientierung, verwenden aber für die *Organisation der Daten* (beziehungsweise Persistenz der Daten) das relationale Schema.

Rein *objektorientierte Datenbanksysteme* haben sich in der Praxis bisher gegen die relationalen bzw. objektrelationalen Systeme wenig behaupten können. *OODBs* (objektorientierte Datenbanken) werden hauptsächlich im engen Zusammenspiel mit *persistenten Objekten*[78] verwendet. *OODBs* haben traditioneller Weise keine deklarativen Abfragesprachen – stattdessen wird auf explizite Navigation gesetzt. Diese Situation könnte sich jedoch durch das Verbreiten von Standards, wie dem der ODMG (Object Database Management Group), ändern.

Im Datenbankbereich findet sich die „Objektorientierung" in zweierlei Ausprägungen, nämlich in den objektorientierten Systemen und in den objektrelationalen Systemen. „Erweitert Relational" (extended relational) und „Objekt Relational" sind Synonyme für Datenbankmanagementsysteme, die versuchen, beide Aspekte der relationalen Datenbanken und Objektdatenbanken zu vereinen.[79] Im Folgenden wird vor allem auf das *objektrelationale Modell* eingegangen (vgl. dazu etwa [Sto99], [Gep02], [MW00], [HS00] und [EN00] Seite 435 ff.).

Das *objektrelationale Modell* erlaubt es, *Objekttypen* zu definieren, d.h. Spezifizieren von Struktur und Daten und Methoden, um mit diesen Daten zu operieren. Diese Datentypen können innerhalb des relationalen Modells verwendet werden.

„Die Ablösung der Datenbestände durch objektorientierte oder objektrelationale Datenbanken ist eine Frage der Zeit. Obwohl sich die objektorientierten Datenbankprodukte nicht in dem Ausmaß wie seinerzeit die relationalen im Markt

---

[78] Im objektorientierten Umfeld wird zwischen transienten Objekten, welche nur während der Laufzeit der Anwendung, in der sie erzeugt wurden, existieren, und persistenten Objekten, die über die Laufzeit dieses Prozesses hinaus existieren, unterstützt. Siehe u.a. [Gep02] Seite 259ff.

[79] In [Mcc97] wird eine der möglichen Abgrenzungen von RDBMS, ORDBMS und ODBMS gegeben.

etabliert haben, beeinflussen die Methoden und Techniken der objektorientierten Datenbanktechnologien den Softwaremarkt in hohem Maße."[80]

4.2 Temporale Modellierung im objektorientierten Bereich

Das objektrelationale Modell

Durch die größere Verbreitung des objektorientierten Paradigmas im letzten Jahrzehnt wurde auch der Druck für die Marketing- und Entwicklungsabteilungen der kommerziellen relationalen Datenbankhersteller immer größer, in diese Richtung etwas anbieten zu können. Bis 1997 gab es keine offizielle Definition darüber, was ein objekt-relationales Datenbankmanagementsystem ist. Won Kim, Gründer von *UniSQL*, erarbeitete ein Rahmenwerk mit sieben Hauptkategorien für objekt-relationale Datenbanken.

Das Zusammenspiel der einzelnen Ansätze wird in [Kim96] folgendermaßen formuliert:

- Wenn man mit einem objekt-orientierten Datenmodell, in dem die objekt-orientierten Vorteile liegen, beginnt

- und das Konezpt der Vererbung (inheritance) und Kapselung (encapsulation) wegnimmt,

- bleibt ein *Netzwerk-Datenmodell* übrig.

- Wenn dann das Konzept von Zeigern (pointern) und Kollektionen (collections) weggenommen werden,

- bleibt ein *relationales Datenmodell* übrig.

Vorgehensmodell

Für die Entwicklung von Informationssystemen wurden in den letzten Jahren viele Vorgehensmodelle[81] entwickelt. Die Modelle unterscheiden sich zwar in der Ablaufplanung und den Details, die Grundzüge - vom konzeptionellen über den logischen zum physischen Entwurf – sind jedoch in allen Modellen zu finden. Die nachstehende Tabelle gibt einen Überblick der Entwicklungsschritte und der eingesetzten Hilfsmittel.

---

[80] [MW00] – Diese Feststellung ist auch noch zum Zeitpunkt der Erstellung dieser Arbeit zutreffend.

[81] Zum Beispiel: DSDM (Dynamic System Development Method); Oracle CDM (Custom Development Method) in [San00]; i.w.s. auch XP (Extreme Programming) in [Bec00]; RUP (Rational Unified Process); actiF (von microTOOL) in [Mic99], u.v.a.m.

Schritte des Datenbankentwurfs	objektorientierte Informationssysteme	relationale Informationssysteme
Konzeptioneller Entwurf	UML Typenmodell (bzw. Klassen)	Entity-Relationship Modell
Konzeptionelles Schema	*(temporal erweitertes) UML Klassendiagramm*	*(temporal erweitertes) ER-Diagramm*
logischer Entwurf	objektrelationales Modell	relationales Modell
logisches Schema	*(zeitbezogenes) Objekttypen-Diagramm*	*(zeitbezogene) Relationen*
physischer Entwurf	Objekttypen, typisierte Tabellen, etc.	Tabellen, etc.
physisches Schema	*konkretes DBMS (z.B. Oracle)*	*konkretes DBMS (z.B. Oracle)*
Implementierung	*SQL (DDL)*	*SQL (DDL)*

Tabelle 28: (temporal erweiterte) Entwurfsschritte

In diesem Buch wird gezeigt, wie der konzeptionelle Entwurf bei objektorientierten Informationssystemen temporal erweitert werden kann und wie die Überleitungsregeln in den logischen Entwurf um zeitbezogene Regeln ergänzt werden können.

Entwurfsschritte	Daten	Geschäftslogik	Präsentation
Analyse	UML Typenmodell (bzw. Klassen)		
Konzeptionelles Schema	*(temporal erweitertes) UML Klassendiagramm*	*temporal erweiterte OCL*	*Methoden*
Design	objektrelationales Modell		
logisches Schema	*(zeitbezogenes) Objekttypen-Diagramm*	*(zeitbezogene OCL)*	*Interface Design*
Implementierung	Objekttypen, typisierte Tabellen, etc.		
physisches Schema	*konkretes DBMS (z.B. Oracle)*	*Java Klassen*	*Java Server Pages*
Implementierung	*SQL (DDL)*		

Tabelle 29: Entwurfsschritte und Hilfsmittel

Eines der zentralen Hilfsmittel für den Entwurf im objektorientierten Umfeld ist die *Unified Modeling Language*. Die UML[82] ist eine *graphische Modellierungssprache* zur Visualisierung, Spezifikation, Konstruktion und Dokumentation eines Softwaresystems. Die UML gibt einen Standard für das Entwickeln von Entwürfen, die sich mit *konzeptuellen Aspekten*, wie Geschäftsprozessen und Systemfunktionen, auseinandersetzen, vor. Darüber hinaus regelt die UML aber auch ganz *konkrete Aspekte*, wie etwa Klassen, die in einer bestimmten Programmiersprache geschrieben

---

[82] Für eine detaillierte Darstellung der UML sei an dieser Stelle auf [BRJ99] bzw. die Spezifikation der UML in [OMG01] verwiesen.

sind, Datenbankschemata und wieder verwendbare Software-Komponenten.[83] Die UML versucht, den gesamten Entwicklungszyklus – d.h. den konzeptionellen, logischen und physischen Entwurf - abzudecken.

In diesem Kapitel werden für die Modellierung von zeitbezogenen objektrelationalen Informationssystemen mit Hilfe der UML die einzelnen Entwurfsschritte klar voneinander getrennt. Ziel ist es, die Diagramme der UML so zu erweitern, dass die Zeitdimension realitätskonform abgebildet werden kann, gleichzeitig jedoch die Bedeutung bereits bestehender Elemente der UML beibehalten werden kann. Dadurch wird eine lückenlose Aufwärtskompatibilität und Weiterverwendung existierender Schemata ermöglicht.

An die Stelle des *relationalen Modells* tritt das *objektrelationale Modell*. Es wird in diesem Kapitel erörtert, welche Möglichkeiten sich durch diese Änderung für das Modell RETTE ergeben.

4.3   Konzeptioneller Entwurf

Wurde im relationalen Bereich vor allem das *ER-Diagramm* als Hilfsmittel für diesen Entwurfsschritt eingesetzt, so findet in der „objektorientierten" Umgebung das UML *Klassendiagramm* seine Anwendung[84]. Dass beide Hilfsmittel nicht nur ähnliche Ziele verfolgen, sondern einander gegenübergestellt werden können, zeigen u.a. [HS00] , [Hal98] und [EN00]: „Object modeling methodologies, such as UML ... are becoming increasingly popular. ... Hence, an important part of these methodologies – namely, the *class diagrams* – are similar to EER (extended entity-relationship) diagrams in many ways."[85]

Die Terminologie und graphische Darstellung der beiden Modelle unterscheiden sich zwar, bezeichnen aber oft dasselbe.

---

[83] siehe [BRJ99] Seite XV

[84] siehe dazu auch [HS00] Seite 94

[85] [EN00] Seite 93

ER-Diagramm	UML Klassendiagramm
Entitätstyp (entity type)	Klasse (class)
Entität (entity)	Objekt (object)
zusammengesetztes Attribut (composite attribute)	Typ (type)
mehrwertiges Attribut (multivalued attribute)	Kardinalität
Beziehungstyp (relationship type)	Assoziation, Verknüpfung (association)
Beziehung (relationship instance)	Verbindung, Instanzbeziehung (link)
attributierter Beziehungstyp (relationship attribute)	Assoziationsklasse
rekursive Beziehung (recursive relationship)	reflexive Assoziation (reflexive association)
abhängiger Entitätstyp (weak entity type)	qualifizierte Assoziation (qualified association) bzw. qualifizierte Aggregation (qualified aggregation)

Tabelle 30: Modellierungsmöglichkeiten wesentlicher EER-Elemente in UML[86]

Basierend auf dieser Gegenüberstellung kann der temporale Erweiterungsmechanismus des Modells RETTE analog auf das UML Klassendiagramm angewendet werden.

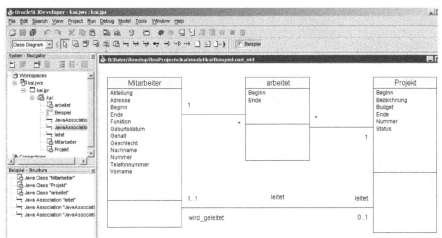

Abbildung 19: konzeptionelles UML Klassendiagramm[87]

---

[86] Diese Gegenüberstellung basiert auf [EN00] Seite 93 ff. und [Hal99]

[87] Anm.: „association classes" sind zwar Bestandteil der UML, werden jedoch nicht von allen Werkzeugen unterstützt. Aus diesem Grunde wurde eine „Hilfsklasse" ins Diagramm aufgenommen.

Die folgende Tabelle gibt einen Überblick der Grundelemente des temporal erweiterten UML Klassendiagramms. Die Grundtypen des Klassendiagramms bleiben dabei jedoch bestehen. Um diese von den temporal erweiterten Komponenten zu unterscheiden, werden diese in weiterer Folge unter dem Begriff konventionelle Komponenten zusammengefasst.

Grundkomponenten	Komponenten	Erweiterung
Klasse	konventionelle	Differenzierung in konventionelle und zeitbezogene Elemente
	zeitbezogene	
Attribut	Zeitstempel	*explizite* Berücksichtigung der Zeitdimension
	zeitunabhängig	
	zeitabhängig im weiteren Sinn	
	zeitabhängig im engeren Sinn	
	zeitabhängig zyklisch	
Assoziation	konventionelle	Differenzierung in konventionelle und zeitbezogene Elemente
	zeitbezogene	
Methode	konventionelle	

Tabelle 31: Komponenten des temporal erweiterten Klassendiagramms

Eine explizite Kennzeichnung des temporalen Aspekts findet analog zur Vorgehensweise im Modell RETTE nur auf der Attribut-Ebene statt. Im Folgenden werden die temporalen Erweiterungen der einzelnen Elemente näher beschrieben.

4.3.1   Klassen

Eine Klasse wird im Sinne dieses Buchs als konzeptionelles[88] Konstrukt verstanden. „Wie in der realen Welt auch gibt es in objektorientierten Systemen ‚ähnliche' Objekte, d.h. Gruppen von Objekten, die das gleiche Verhalten und gleich-strukturierte Zustände aufweisen. Solche ‚ähnlichen' Objekte werden zu Klassen zusammengefasst. Eine Klasse definiert somit die Struktur und das Verhalten ihrer Objekte".[89]

---

[88] Im objektorientierten Umfeld findet der Begriff Klasse sowohl für das logische als auch physische Konstrukt (z.B. eine „class" in Java) Verwendung. Für diese Ebenen wird in dieser Arbeit in weiterer Folge die Bezeichnung „Objekttyp" gebraucht werden.

[89] [Gep02] Seite 14

Im Klassendiagramm werden zeitbezogene Klassen nicht gesondert[90] gekennzeichnet, sondern ebenso wie konventionelle Klassen dargestellt. Ob es sich um eine zeitbezogene oder eine konventionelle Klasse handelt, ergibt sich aus den zugeordneten Zeitstempelattributen.[91] Diese Darstellungsform für das konzeptionelle Modell wurde gewählt, um den Anforderungen der Verständlichkeit - die beiden Zeitstempelattribute kennzeichnen die Objektlebensdauer – gerecht zu werden.

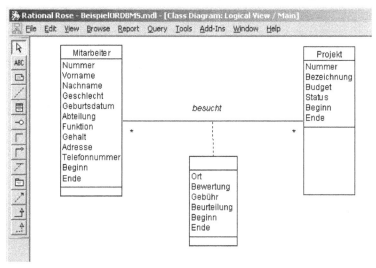

Abbildung 20: UML Klassendiagramm mit zeitbezogenen Klassen

Elemente	Zeitbezug
Innere Klasse	Kann Zeitbezug aufweisen
Unterklasse und Oberklasse	Zeitbezug wird von der Superklasse an die Subklasse vererbt. Die Subklasse kann jedoch zusätzlich einen Zeitbezug aufweisen.

Tabelle 32: Spezialfälle von temporalen Klassen

4.3.2   Attribute

Der unterschiedliche zeitliche Aspekt von Attributen wird im Modell RETTE durch fünf Attributarten berücksichtigt. Diese fünf Attributarten übernehmen alle

---

[90] Dies ist einer der wesentlichen Unterscheidungsmerkmale zu anderen temporalen UML Erweiterungen wie z.B. [ST97].

[91] entsprechend zu [Kai00] Seite 79

Eigenschaften eines konventionellen Attributs, erhalten aber darüber hinaus zusätzliche semantische Informationen[92].

Die graphische Darstellung der Attributarten des Modells RETTE wird analog in das UML Klassendiagramm übernommen, wobei die Attribute dabei „inline"[93] durch verschiedenartiges Unterstreichen dargestellt werden. Das Unterstreichen von Bezeichnungen ist ein gängiges semantisches Ausdrucksmittel der UML.

Attributarten	Graphische Darstellung
Zeitstempelattribute	Beginn, Ende
zeitunabhängige Attribute	Geburtsdatum
zeitabhängige Attribute	
im weiteren Sinn	<u>Adresse</u>
im engeren Sinn	<u>Funktion</u>
zyklische Attribute	<u>Verwendungsgruppe</u>

Tabelle 33: Graphische Darstellung der *Attributarten*

Unterstreichungen werden zum Beispiel auch für den Geltungsbereich von Attributen verwendet. „…a feature that is classifier scoped is rendered by underlining the feature's name. No adornment means that the feature is instance scoped."[94] Außer der Unterstreichung mittels *einfacher Linie* existieren in der UML auf Attributebene keine weiteren semantischen Darstellungen dieser Art. Der temporale Aspekt wird daher durch andersartige Unterstreichungen auf Attributebene berücksichtigt.

Diese graphische Notation muss jedoch auch im UML Metamodell Berücksichtigung finden. Ein Vorteil der UML gegenüber dem ER-Modell ist der verfügbare Erweiterungsmechanismus, anhand dessen das Metamodell der UML erweitert werden kann.

---

[92] vgl. dazu Kapitel „Das Modell RETTE" in dieser Arbeit.

[93] Für eine ausführliche Diskussion bezüglich der Vor- und Nachteile siehe [Hal99].

[94] [BRJ99] Seite 124

Tagged Values

Um die temporale Information auf Attributebene ins Klassendiagramm einzubringen, werden „tagged values" verwendet. „ ... With stereotypes, you can add new things to the UML; with tagged values, you can add new properties."[95]

Im Folgenden wird beschrieben wie „tagged values" verwendet werden können: „ ... One of the most common uses of tagged values is to specify properties that are relevant to code generation or configuration management. ..."[96] Für diese Anwendung wird folgendes Beispiel beschrieben: „For example, suppose you want to tie the models you create to your project's configuration management system. Among other things, this means keeping track of the version number, current check in/check out status, and perhaps even the creation and modification dates of each subsystem. Because this is process-specific information, it is not a basic part of the UML, although you can add this information as tagged values. Furthermore, this information is not just a class attribute either. A subsystem's version number is part of its metadata, not part of the model."[97]

Zur Darstellung von „tagged values" wird folgendes ausgeführt: „A tool may present property specifications on separate lines with or without the enclosing braces, provided they are marked appropriately to distinguish them from other information. For example, properties for a class might be listed under the class name in a distinctive typeface, such as italics or a different font family."[98]

Beispiel:

```
{ author = "Joe Smith", deadline = 31-March-1997, status = analysis }
{ abstract }
```

"Tagged values" können wie folgt in UML dargestellt werden: „Many kinds of elements have detailed properties that do not have a visual notation. In addition, users can define new element properties using the tagged value mechanism. A string may be used to display properties attached to a model element. This includes properties represented by attributes in the metamodel as well as both predefined and user-defined tagged values."[99]

Viele Applikationen können „tagged values" nicht im Diagramm darstellen.[100] Das Erfassen von zusätzlichen „tagged values" wird jedoch von den meisten Werkzeugen unterstützt.

---

[95] [BRJ99] Seite 81

[96] siehe [BRJ99] Seite 81

[97] [BRJ99] Seite 87

[98] [OMG01] Punkt 3.17.3

[99] [OMG01] Punkt 3.17

[100] In Oralce Designer entsprächen "tagged values" der Möglichkeit, Repository Elemente durch selbsdefinierte Attribute zu erweitern. Durch diesen Vorgang wird das Meta-Modell des

Im Folgenden wird ein Beispiel zur textuellen Darstellung von "tagged values" dargestellt:

```
{ temporal = zyklisch} bzw. { zyklisch temporal }
```

„An attribute is shown as a text string that can be parsed into the various properties of an attribute model element."[101]

Die volle Syntax eines Attributs in UML sieht wie folgt aus:

```
visibility name : type-expression [ multiplicity ordering ]
   = initial-value { property-string }
```

Die Spezifikation der UML in der Version 1.4 lässt die Darstellung der Attributeigenschaften durch entsprechende Werkzeuge relativ offen. „A tool may show the *visibility indication* in a different way, such as by using a special icon or by sorting the elements by group. A tool may show the individual fields of an attribute as columns rather than a continuous string."[102]
Auch bezüglich der Darstellung der erweiterten Eigenschaften eines Attributes ist die Spezifikation recht großzügig: „... Specific tagged properties may be included in the string. ..."[103] und weiter: "Any properties specified in braces following the attribute string map into properties on the Attribute."[104]

Attributeigenschaften können in graphischer, oder auch "alphanumerischer" Form dargestellt werden.

Beispiele von Attributdefinitionen:
```
+size: Area = (100,100)
#visibility: Boolean = invisible
+default-size: Rectangle
#maximum-size: Rectangle
-xptr: XWindowPtr
```

4.3.3   Assoziationen

"Objekte der realen Welt stehen nicht für sich alleine, sondern befinden sich in einem Kontext. Diese Sachverhalte können je nach Metamodell bzw. Sprache durch unterschiedliche Arten von Beziehungen zum Ausdruck gebracht werden."[105] Eine

---

Repositories erweitert. Zur Umsetzung des Modells RETTE im Oracle Designer wurde dieser Mechanismus herangezogen, um den temporalen Aspekt auf der Ebene der Attribute zu berücksichtigen. Für detaillierte Ausführungen siehe [KW00]

[101] [OMG01] Punkt 3.25.2

[102] [OMG01] Punkt 3.25.3

[103] [OMG01] Punkt 3.25.3

[104] [OMG01] Punkt 3.25.6

[105] [Gep02] Seite 21

Assoziation kann wie folgt beschrieben werden: „An association is a relationship between two classes. There are three types of association: simple association, weak aggregation and strong aggregation (composition). ... An association is a relationship between classes. A relationship can be thought of as a persistent reference between the elements.„[106] Eine *Assoziation* beschreibt also die Beziehung zwischen zwei Klassen.

Eine zeitbezogene Assoziation bildet die *Historie* der Beziehung zwischen zwei Klassen ab. Diese besitzen jedenfalls die beiden Zeitstempelattribute, darüber hinaus können sie noch weitere zeitunabhängige und zeitabhängige Attribute im Sinne von *Assoziationsklassen*[107] (association classes) besitzen.

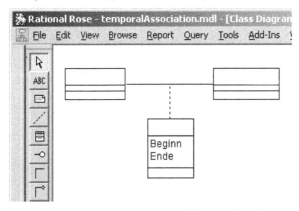

Abbildung 21: Graphische Darstellung einer temporalen Assoziation

Assoziationsklassen, das sind Elemente mit Eigenschaften sowohl von Assoziationen als auch von Klassen, werden anhand von Beziehungen, denen eine Klassendefinition angehängt wird, dargestellt.

---

[106] JDeveloper 9i, Online Help

[107] In [MW00] wird diese als *Beziehungsklasse* bezeichnet.

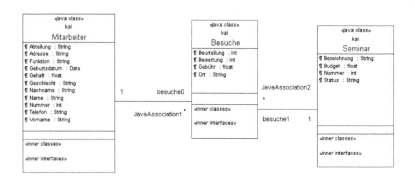

Abbildung 22: **Klassendiagramm mit „Hilfsklasse"**[108] **für eine Assoziationsklasse**

Eine Assoziation ist dann zeitbezogen, wenn sie die beiden Zeitstempelattribute „Beginn" und „Ende" besitzt.

4.3.4   Zeitstempelattribute

Die Zeitstempelattribute des Modells RETTE werden im relationalen Modell vorteilhaft als zwei Attribute abgebildet. Für die objektorientierte und objektrelationale Systementwicklung können die beiden jedoch auch als ein einzelner, eigener Typ dargestellt werden. Gelangt eine solche Umsetzung zur Anwendung, sind die Attribute „Beginn" und „Ende" im Text sinngemäß zu ersetzen.

4.4   Logischer Entwurf

Inhalt der Phase des logischen Entwurfs ist die Abbildung des konzeptionellen Schemas auf ein Schema in einem logischen Datenmodell. *Logische Datenmodelle* bestehen aus drei Hauptkomponenten: Datenstrukturen, Operationen, Integritätsbedingungen.[109] In [JDM01] wird die Tätigkeit dieses Schritts wie folgt beschrieben: „The Database Design and Build process starts with translating the *Business Type Model* into a *Logical Database Design*, which is transferred into an initial *Physical Database Design*." [110]

---

[108] Da das Werkzeug *JDeveloper* von Oracle in der Version 9i keine Assoziationsklassen unterstützt, wurde analog zur Auflösung von attributierten Beziehungen des ER-Modells eine Hilfsklasse eingeführt.

[109] vgl. etwa [SN99] Seite 2 und [Kai00] Seite 31ff

[110] [JDM00] Seite DB

In diesem Buch wird als zentrales Element des logischen Entwurfs für das objektrelationale[111] Modell das Konstrukt des *Objekttyps* angesehen.

Objekttyp

Ein *Objekttyp*[112] ist ein Element des Designentwurfs, das ein beliebiges reales oder abstraktes Ding[113], über welches Daten und Operationen gespeichert werden sollen, darstellt. Objekttypen werden ohne jegliche Angabe darüber aufgezeichnet, wie diese implementiert werden können, und können aus einem oder mehreren Attributen (attributes), Operationen (operations) und Assoziations-Rollen (association roles) gebildet werden.

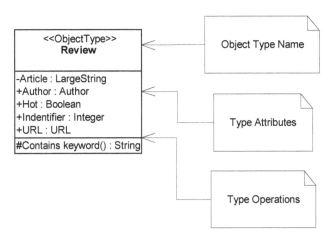

Abbildung 23: Beispiel einer Darstellung eines Objekttyps in UML[114]

Objekttypen sind Abstraktionen von Echtwelt Entitäten, mit denen Programme arbeiten. Ein Objekt ist eine Kombination aus „Daten" und „Programm", die eine

---

[111] In [Sto99] werden noch die komplexen (benutzerdefinierte) Datentypen als Kernelement eines objektrelationalen Systems hervorgehoben. Diese entsprechen (siehe auch [Gep02] Seite 32) Klassen in objektorientierten Modellen. Durch die Weiterentwicklung im Bereich der ORDBMS und SQL kommt der heutige Funktionsumfangs bereits denen von OODBMS – Vererbung, Objektidentität, typspezifisches Verhalten - nahe.

[112] Oracle Designer verwendet zur Darstellung von Objekttypen ein UML-basiertes Typenmodell.

[113] Bezüglich der Diskussion zu realen und abstrakten Dingen im weiteren Sinne siehe z.B. [Cha99] Seite 147ff.

[114] [Zen01] gibt basierend auf [Rat00] einen Überblick einer möglichen Darstellung von objektrelationalen Konstrukten in UML. In [Gor02] wird ein entsprechendes Profile zur Umsetzung beschrieben.

Entität repräsentiert. Die Modifikation des „Verhaltens" – d.h. der Methoden des Objekts – ist auf Objektebene (Instanzen) nicht möglich. Das Verhalten eines Objekts kann nur durch Vererbung, die nur auf Ebene des Objekttyps[115] möglich ist, durchgeführt werden.

Ein *Objekttyp* hat drei Arten von Komponenten:

- Einen *Namen*, um den Objekttyp eindeutig identifizieren zu können.

- *Attribute*, die ‚built-in' Datentypen oder andere benutzerdefinierte Typen darstellen. Attribute modellieren die Struktur von Echtwelt (real word) Entitäten.

- *Methoden* sind in diesem Zusammenhang die Funktionen oder Prozeduren, die in einer Programmiersprache[116] geschrieben und im Falle einer Umsetzung im ORDBMS Oracle in der Datenbank gespeichert sind. Applikationen können durch ansprechen der implementieren Methoden spezifische Operationen auf Daten ausführen. Jeder Objekttyp hat eine *Konstruktor*-Methode, die ein neues Objekt erzeugt.

Elemente des persistenten Server-Modells oder ihre assoziierten Klassen (associated classes) können aus Objekttypen generiert werden.

---

[115] Die Programmiersprache XOTcl [NZ99] bietet diese Möglichkeit auch auf Objektebene.

[116] Für das ORDBMS Oracle in PL/SQL und Java bzw. C geschrieben.

objektrelationale Elemente	elements	Postfix
Objekttyp	object type	_objtyp _ntabtyp (Typ für nested table)
Attribut	attribute	_obj (basieren auf einen Objkettyp) _ref (Referenz) _ntab (für nested table)
Methode	method	
Link durch Einbettung (Komposition)	embedded link	
Link durch Referenz (Aggregation)	ref link	
Kollektion von Verbindungen durch Einbettung (Komposition)	embedded collection link	
Kollektion von Verbindungen durch Referenz (Aggregation)	collection of refs link	
typisierte Tabelle	object table	
Sicht auf typisierte Tabellen	object view	

Tabelle 34: objektrelationale[117] Elemente

Eine Schnittstelle (*Interface*) ist ein Objekttyp, der ein Set von Operationen definiert, die von mehr als einem Objekttypen implementiert werden können. Ein Objekttyp des Stereotyps <Interface> wird angelegt und dieser mit dem Objekttyp durch eine Generalisierung verbunden.

Der Schritt vom konzeptionellen zum logischen Modell erfolgt bei der Entwicklung für objektorientierte Umgebungen oft nahtlos. Das konzeptionelle Modell wird so lange verfeinert, bis dieses den Konventionen der Zielumgebung entspricht. Dem Modell RETTE folgend wird der Übergang hier jedoch transparent nachvollziehbar gemacht. Als nächster Schritt ist daher das konzeptionelle Modell in ein objektrelationales Modell überzuführen.

---

[117] Mangels einer allgemeinen Definition wird ein pragmatischer Ansatz gewählt – unter objektrelational im Sinne dieser Arbeit wird im folgenden der Funktionsumfang von Oracle9i verstanden. Siehe dazu [Gie01], [PR01] und [Lor01]

4.5 Überleitung des konzeptionellen UML Klassendiagramms

Wurde die Überleitung des ER-Modells in das relationale Modell in der Literatur ausgiebig behandelt und bereits in vielen Werkzeugen realisiert, so sind für die Ableitungen konzeptioneller Modelle in das objektrelationale Datenbankmodell derzeit keine detaillierten Abbildungsvorschriften[118] zu finden.

Die Überleitung lässt ähnlich wie die Ableitung von Sub-/Supertypen im relationalen Modell Freiräume für Designentscheidungen.

Eine vollautomatische Überleitung kann nur dann erfolgen, wenn die Präferenzen des Entwicklers, z.B.: Umsetzung mittels „tagged values", im Klassendiagramm angegeben wurden oder sich der Entwickler auf die vom Automatismus vorgeschlagene Alternative verlässt.

Die UML umfasst eine der umfangreichsten Element-„Bibliotheken". Es existiert eine Vielzahl von Elementen und deren Sonderformen, die für strukturelle Modellierung herangezogen werden können. Für die hier beschriebene Überleitung des konzeptionellen Modells in ein Objektorientiertes werden die UML Elemente des Klassendiagramms auf folgende beschränkt:

Element	Eigenschaften und Konstrukte
Klasse	Name, Attribute, Operationen, assoziierte Klassen [Interface, Abstrakte Klasse bzw. Operation, parametrisierte Klasse (template class)]
Assoziation	Name, Multiplizität, Rollenbezeichnung, Aggregation [Abhängigkeiten (dependency), Bedingungen (constraints), Mehrfachvererbung(multiple inheritance)]
Stereotypes	Name
Tagged Values	Tag, Value

Tabelle 35: Verwendete Elemente (Konstrukte in [] werden nicht behandelt)

---

[118] Ansätze sind u.a. zu finden in [Gie01] Seite 9-10ff bzw. [EN00] Seite 415. Eine erste konkrete tabellarische Aufstellung gibt [Gep02].

Die folgende Tabelle gibt eine grobe Übersicht der wichtigsten Überleitungen.

Klassendiagramm	objektrelationales Schema	Postfix
Klasse	strukturierter Typ (ohne Attribute) (object type)	_objtyp
Typen	vordefinierte Basistypen UDT (user defined types)	
Attribut	Attribut (attribute)	
abgeleitete Attribute	Methoden, Funktionen Sichten (Views), Trigger	dnz_
	Konstruktor (constructor)	
Klassen mit Aggregation und limitierter Kardinalität (wobei die Aggregation bei der anderen Klasse liegt) (im Sinne eines multivalued Attribute)	object type als varray (ordered, no need for querying)	_vartyp
Klasse mit Assoziation und einer Kardinalität von 1:1 (im Sinne eines zusammengesetzten Attributs)	object type	_objtyp
Klassen mit Aggregation und limitierter Kardinalität (wobei die Aggregation bei der anderen Klasse liegt) (im Sinne von multivalued Attribute)	object type als nested table (unordered)	_ntabtyp
Assoziation	Referenz – d.h. Attribut des Typs REF (entsprechend der Navigierbarkeit)	_ref
Aggregation (im Sinne eines multivalued Attributes)	Attribut (des Typs des anderen Endes der Aggregation)	_var
Aggregation (im Sinne einer weak Entity)	Attribut (des Typs des anderen Endes der Aggregation)	_ntab
Aggregation mit Kardinalität von 1:1 (im Sinne eines zusammengesetzten Attributs)	Attribut (des Typs des anderen Endes der Aggregation)	_obj
Klassenspezifisches Verhalten	Methoden	
Klassenunabhängiges Verhalten	Funktionen und Prozeduren	
Einschränkungen und Regeln	Konsistenzbedingungen Trigger	

Tabelle 36: Übersicht der wichtigsten Ableitungsschritte

Basierend auf der nachfolgend angegebenen Vorschrift wird die Verfeinerung des konzeptionellen temporalen Modells in ein logisches Modell durchgeführt.

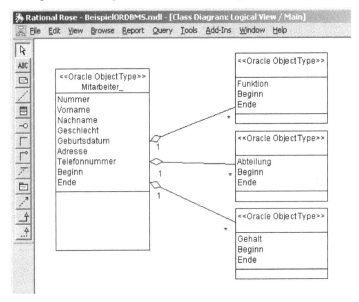

Abbildung 24: Zerlegung in Teilobjekttypen (explizit dargestellt)[119]

Die folgende Vorschrift gibt Anhaltspunkte für die Überleitung des UML Klassenmodells in das objektrelationale Schema.

Klassen
Schritt 1.1: Erzeuge aus jeder Klasse eine Definition für einen Objekttyp.
Assoziations-Klassen (association classes) werden ebenfalls nach dieser Vorschrift übergeleitet. Treten Assoziations-Klassen als „anonyme" Klassen auf – d.h., Klassen ohne Bezeichnung - dann wird die Bezeichnung des Objekttyps aus der Bezeichnung der Assoziation gebildet. Weist diese ebenfalls keine Bezeichnung auf, so wird die Bezeichnung des Objekttyps aus einer Zusammensetzung der an der Assoziation beteiligten Klassen gebildet.

Schritt 1.2: In dem abgeleiteten Objekttyp werden alle Attribute der Klasse inkludiert. Die Unterscheidung in temporal relevante Attribute und deren Zerlegung erfolgt in einem nachfolgenden Schritt.

Schritt 1.3: Jede der abgeleiteten Objekttypen erhält einen Konstruktor (constructor). Dieser Konstruktor wird zumeist nicht explizit ausgewiesen.

---

[119] Die Darstellung kann auch auf Attributebene durch Angabe der Kardinalität erfolgen.

Schritt 1.4: Für Klassen im Sinne von mehrwertigen Attributen (mulitvalued attributes) – d.h. Klassen mit Aggregation und limitierter Multiplizität (wobei die Aggregation bei der anderen Klasse liegt) - wird ein „set", „bag" oder „list" Konstructor verwendet. Um eine Entscheidung treffen zu können, welches dieser Konstrukte zur Anwendung gelangen soll, wird zusätzliche Information benötigt. Diese kann als Präferenz durch den Entwickler eingebracht werden.

Schritt 1.5: Klassen im Sinne von zusammengesetzten Attributen (composite attributes) werden als Objekttyp ohne zugehöriger Objekttabelle abgebildet[120]. Solche Klassen werden oft mit einer Assoziation von einer Multipizität von *1:1* dargestellt. Ein Attribut dieses Objekttyps wird dem Objekttyp hinzugefügt.

Assoziationen

Schritt 2.1: Füge für jede Assoziation (in Sinne einer binären Beziehung) ein Attribut (relationship property) oder ein Referenzattribut, die an der Assoziation beteiligt ist, hinzu. Dieses kann in einer oder beiden an der Beziehung beteiligten Klassen angelegt werden.[121]

Wenn eine Assoziation durch eine Referenz in nur eine Richtung abgebildet wird, deklariere die Referenz als ein Attribut in der referenzierenden Klasse, dessen Typ der referenzierte Klassenname ist.

Abhängig von der Multiplizität der Assoziation können die Attribute (relationship properties oder reference attributes) als Skalare oder Kollektionen ausgelegt sein.
Skalare werden für Assoziationen mit *1..1* oder **..1* Multiplizitäten verwendet.
Kollektionen, die als Sets oder Listen ausgestaltet sein können, werden für Assoziationen mit *1..** oder **..** Multiplizitäten eingesetzt.
Wie **..** Assoziationen aufgelöst werden sollten, wird in Schritt 6 beschrieben.

---

[120] ODL verwendet dazu die `struct` Deklaration. `struct` entspricht im einem `object type` ohne zugehörige Objekttabelle.

[121] „The ODL standard provides for the explicit definiton of inverse relationships. Some ODBMS products may not provide this support; in such a case, the programmers must maintain every relationship explicitly by coding the methods that update the objects appropriately." [EN00] Seite 416

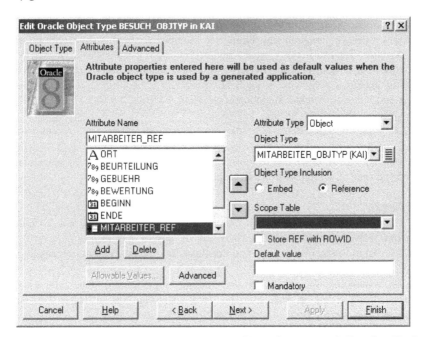

Abbildung 25: Festlegen der Eigenschaften einer Assoziation im Werkzeug Oracle Designer

Schritt 2.2: Assoziationen, die als Assoziations-Klassen[122] (association class) ausgestaltet sind, werden als eigene Klasse abgebildet. Die dazugehörige Assoziationen werden wie gewöhnliche Assoziationen behandelt, so als würden diese an der Assoziationsklasse hängen.

Operationen
Schritt 3.1: Füge für jede Operation einer Klasse dem Objekttyp die entsprechenden Methoden hinzu.

Schritt 3.2: Füge für jede Bedingung (constraint) eine Methode hinzu. Diese sollte vom Konstruktor bzw. Destruktor des Objekttyps aufgerufen werden, um die Integrität zu gewährleisten.

Vererbte Klassen

---

[122] In [EN00] wird auch noch folgende Anregung dazu gegeben: Es kann ein Tuple Konstruktor (struct) verwendet werden, um eine Struktur der Form <reference, relationship attributes> zu erzeugen, die an Stelle des Referenzattributs in die Klasse inkludiert werden kann. Dies erlaubt jedoch nicht die Verwendung von inversen Bedingungen (inverse constraints).

Schritt 4: Füge für jede Vererbung im Klassendiagramm eine solche für Objekttypen hinzu.

Klassen in Kompositionen

Schritt 5: Kompositionen (composition), im Sinne von abhängigen Entitätstypen (weak entity type), werden wie gewöhnliche Klassen abgeleitet.

Diese können als zusammengesetzte mehrwertige Attribute (composite multivalued attributes) der identifizierenden Klasse abgebildet werden. Dazu kann ein VARRAY oder eine verschachtelte Table (nested table) verwendet werden. Die Attribute der schwachen Klasse (weak class) werden in den Objekttyp inkludiert.

Schritt 6: Eine *n*-wertige Beziehung (*n*-ary relationship) mit $n>2$ kann in einen eigenen Objekttyp abgebildet werden. Es werden Referenzen zu jeder der beteiligten Klassen benötigt. Diese Referenzen werden entsprechend der gewöhnlichen Assoziationen abgebildet. Eine *..* Assoziation kann ebenfalls auf diese Art abgebildet werden.

Die temporalen Attribute werden in diesem Ableitungsschritt vorerst ebenfalls als Attribute übertragen und erst dann mit dem Zerlegungsalgorithmus weiter behandelt.

Zerlegungsalgorithmus für den temporaler Aspekt

Der Zerlegungsalgorithmus lehnt sich sehr eng an den Zerlegungsalgorithmus des Modells RETTE[123] an.

Schritt Z1: In dem abgeleiteten Objekttyp verbleiben alle zeitunabhängigen Attribute, alle zeitabhängigen Attribute im weiteren Sinn, die Zeitstempelattribute *Beginn* und *Ende* der Klasse.

Schritt Z2: Gruppiere alle zeitabhängigen Attribute im engeren Sinn nach Synchronitätsklassen.

Schritt Z3: Erstelle einen zeitbezogenen Objekttyp mit folgenden Attributen: alle zeitabhängigen Attribute einer Synchronitätsklasse und den Zeitstempelattributen.

Schritt Z3 (optional): Erstelle entsprechende Zugriffsmethoden für jedes Attribut, das in einen zeitbezogenen Objekttyp „ausgelagert" wurde. Diese Methode gestaltet den Zugriff auf das temporale Attribut einfacher.

Eine Methode sollte gleich dem Attribut bezeichnet werden und als Rückgabewert den Typ des Attributs liefern. Durch die Eigenschaft der Snapshot-Reduzierbarkeit des Modells RETTE ist gewährleistet, dass diese Methode nur einen Wert für einen angegebenen Zeitpunkt zurückliefert. Normalerweise wird dieser Zeitpunkt die Systemzeit sein bzw. in einem Applikationskontext ein vom Benutzer einstellbarer Zeitpunkt.

---

[123] vgl. [Kai00] Seite 99ff

Schritt Z4: Wiederhole Schritt 3 für alle Synchronitätsklassen der zeitabhängigen Attribute im engeren Sinn.

Ein zum Modell RETTE analoges Überleiten ist für die zyklischen Attribute und Synchronitätsklassen zu beschreiten.

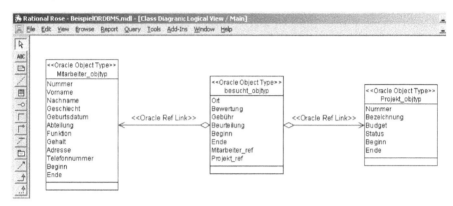

Abbildung 26: Logisches Modell in UML Notation

4.6   Physischer Entwurf

Hauptaufgabe des physischen Entwurfs ist das Erzeugen von zuvor definierten Objekttypen und Objekttabellen (object tables). So wie Definitionen von Relationen durch Tabellen umgesetzt werden, können auch Objekttypen (object type) durch Objekttypen/Objekttabellen in einer objektrelationalen Datenbank umgesetzt werden.

Objekttyp (object type)

Der „object type" bezeichnet die konkrete physische Implementierung eines Objekttypen des logischen Modells. Im Sinne eines ORDBMS ist ein Objekttyp eine komplexer Datentyp (auch als ADT – advanced data type oder benutzerdefinierter Datentyp bezeichnet). In PL/SQL basiert die „objektorientierte" Programmierung auf Objekttypen. Diese stellen abstrakte Vorlagen für die instanzierten Objekte dar. „An object type is a user-defined composite datatype that encapsulates a data structure along with the functions and procedures needed to manipulate the data. The variables that form the data structure are called attributes. The functions and procedures that characterize the behavior of the object type are called methods."[124]

---

[124] [Rus02] Seite 10-3

Ein Objekttyp wird mittels der Anweisung CREATE TYPE erzeugt, wodurch eine abstrakte Vorlage geschaffen wird. Zur Laufzeit, wenn die Datenstruktur mit Werten befüllt wird, wird eine Instanz geschaffen. Es können mehrere Instanzen – diese werden für gewöhnlich als Objekte bezeichnet – auf Basis eines Objekttyps erzeugt werden.

Struktur eines physischen Objekttypen

Ein Objekttyp besteht aus zwei Teilen: Einer Spezifikation (spec) und einem Körper (body). Die Spezifikation kann als Interface[125] zur Applikation betrachtet werden. Darin wird die Datenstruktur (ein Set von Attributen) gemeinsam mit den Methoden (method) beschrieben. Der Körper definiert diese Methoden und implementiert auf diese Weise die Spezifikation.

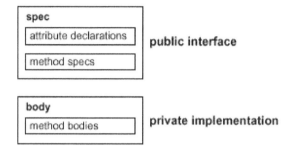

Abbildung 27: Struktur eines Objekttyps[126]

Objekttabelle (object table)

Eine „object table" ist ein spezieller Typ einer Tabelle, in der jede Zeile eine Objekt repräsentiert. Aus diesem Grund findet in der Literatur oft auch die Bezeichnung „typisierte Tabelle" Verwendung. Datenbankkonstrukte wie: constraint, trigger, index können im ORDMBS Oracle auch auf Objekttabellen angewendet werden. Objektorientiert betrachtet kann eine Objekttabelle als „Speicherort" für eine persistente Klasse angesehen werden.

Darstellung

Es gibt im relationalen Umfeld eine Konvention, die besagt, dass Bezeichnungen von Tabellen im Plural erfolgen sollten. Tabellen stellen - in objektorientierter Terminologie gesprochen – Kollektionen (collection) dar. Kollektionen werden in objektorientierten Umgebungen normalerweise im Plural bezeichnet. Die

---

[125] Diese Beschreibung aus [Rus02] bedient sich der objektorientierten Sichtweise zur Beschreibung eines Objekttypen. Das Begriff „Interface" darf hier nicht im Sinne eines Konstrukts der Programmiersprache *java* verstanden werden.

[126] [Rus02] Seite 10-5

Objekttabellen werden daher ebenfalls im Plural bezeichnet. Attribute, die Kollektionen darstellen – wie die Historien der Attribute –, werden ebenfalls im Plural bezeichnet.

Die Darstellung einer Klassendefinition bzw. einer Relationendefinition sieht oft sehr ähnlich aus – auch deren Verwendung. Die semantische Bedeutung der beiden ist jedoch unterschiedlich. Die Umsetzung einer Klasse in das physische Modell bewirkt, dass eine Vorlage für die Speicherstruktur angelegt wird. Wird eine „Vorlage" instanziert, so wird vom System entsprechend dieser Vorlage Speicher zum Ablegen genau einer solchen Instanz geschaffen.

Beim Umsetzen der Relation ins physische Modell wird ebenfalls die Speicherstruktur definiert, hier jedoch zum Ablegen mehrerer Instanzen. Eine Tabelle kann als eine Kollektion, für die Speicherparameter angegeben werden können, angesehen werden. Die Tabelle legt die Speicherstruktur zum Aufnehmen mehrerer Instanzen fest.

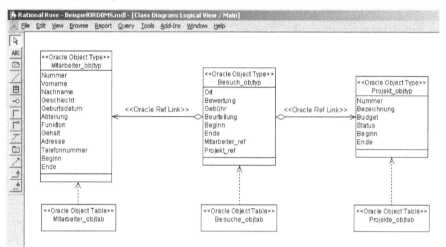

Abbildung 28: Objekttypen (object type) und typisierte Tabellen (object table)

Um die vorgestellte Modellierung des temporalen Aspekts mittels UML zu vervollständigen, findet sich in diesem Abschnitt ein Überblick der Implementierungsschritte.

Umsetzung des Zerlegungsalgorithmus

Durch Anwendung des Zerlegungsalgorithmus auf den abgeleiteten temporalen Objekttyp entstehen weitere Definitionen von Objekttypen. Beim Zerlegungsalgorithmus für das objektrelationale Modell steht primär nicht das Argument der temporalen Normalform im Vordergrund. Nach den objektorientierten Grundsätzen wird eine „wirklichkeitsnahe" Umsetzung im Modell angestrebt. Diese Objekttypen werden als Kompositionen (compositions) mit dem Objekttyp verbunden, und bei der Umsetzung wird eine eingebettete Tabelle (nested table) erzeugt. Diese scheint im Objekttyp als Attribut (z.B. ABTEILUNG_HNTAB) auf.

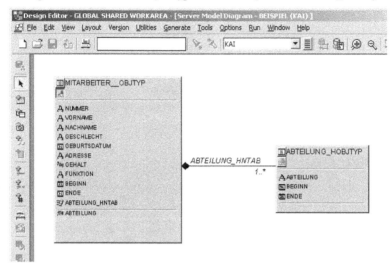

Abbildung 29: temporaler Objekttyp mit eingebetteter Verbindung (embedded link)

Nested Table

DATA1	DATA2	DATA3	DATA4	NT_DATA
...	...	...	...	A
...	...	...	...	B
...	...	...	...	C
...	...	...	...	D
...	...	...	...	E

Storage Table

NESTED_TABLE_ID	Values
B	B21
B	B22
C	C33
A	A11
E	E51
B	B25
E	E52
A	A12
E	E54
B	B23
C	C32
A	A13
D	D41
B	B24
E	E53

Abbildung 30: verschachtelte Tabelle

Verschachtelte Tabellen (nested table) werden hier als eine der Möglichkeiten, Kollektionen (collections) in das physische Modell überzuführen, verwendet.

Das zuvor erstellte objektrelationale Modell wird im Anschluss in konkrete Schemaanweisung in SQL99 umgesetzt. Die objektrelationale Erweiterung von SQL wird in [Gep02] im Sinne dieses Buchs folgendermaßen kommentiert: „Insgesamt scheint in SQL:99 ... ein guter Mittelweg zwischen dem rein relationalen und einem rein objektorientierten Datenmodell gefunden worden zu sein. Die wichtigsten objektorientierten Konzepte werden unterstützt, ohne dass dabei das relationale Datenmodell völlig über Bord geworfen würde."[127]

Implementierung

Die folgenden Anweisungen erzeugen Typendeklarationen im ORDBMS Oracle.

```
CREATE OR REPLACE TYPE MITARBEITER_OBJTYP AS OBJECT
 (NUMMER VARCHAR2(240)
 ,VORNAME VARCHAR2(240)
 ...
 ,FUNKTION VARCHAR2(240)
 ,BEGINN DATE
 ,ENDE DATE
 );


CREATE OR REPLACE TYPE BESUCH_OBJTYP AS OBJECT
 (ORT VARCHAR2(240)
 ,BEURTEILUNG NUMBER(1)
 ...
 ,BEGINN DATE
 ,ENDE DATE
 ,MITARBEITER_REF REF MITARBEITER
 ,SEMINAR_REF REF SEMINAR
 ,MEMBER PROCEDURE ADD_FUNKTION_HT
 (FUNKTION VARCHAR2
 ,BEGINN DATE
 ,ENDE DATE
 );
```

Um die Historie speichern zu können muss eine Kollektion (collection type) für die zuvor umgesetzten Typendeklarationen angelegt werden.

```
CREATE TABLE MITARBEITER_OBJTAB OF MITARBEITER_OBJTYP;
CREATE TABLE BESUCHE_OBJTAB OF BESUCH_OBJTYP;
CREATE TABLE PROJEKTE_OBJTAB OF PROJEKT_OBJTYP;

CREATE TYPE ABTEILUNG_HNTAB AS TABLE OF ABTEILUNG_HOBJTYP;
```

---

[127] [Gep02] Seite 74

Die Kollektion kann nun in den Objekttyp Mitarbeiter als Attribut inkludiert werden.

```
CREATE OR REPLACE TYPE MITARBEITER_OBJTYP AS OBJECT
  (NUMMER VARCHAR2(240)
  ,VORNAME VARCHAR2(240)
  ...
  ,FUNKTION VARCHAR2(240)
  ,BEGINN DATE
  ,ENDE DATE
  ,ABTEILUNG_HT ABTEILUNG_HNTAB
  ,MEMBER FUNCTION ABTEILUNG
      RETURN VARCHAR2
  );
```

Um Werte der zuvor definierten Objekttypen auch persistent halten zu können, sind im objektrelationalen Schema *typisierte Tabellen*[128] zu erzeugen.

```
CREATE TABLE MITARBEITER_OBJTAB OF MITARBEITER_OBJTYP
  NESTED TABLE ABTEILUNG_HT STORE AS MITARBEITER_OBJTAB_ABTEILUNG;
```

Element	Typ	Anmerkung
ABTEILUNG_HOBJTYP	Type	temporales Attribut
ABTEILUNG_HNTAB	Type	Collektion für temporales Attribut
MITARBEITER_OBJTYP	Type	„Haupt"-Element
MITARBEITER_OBJTAB	Tabelle	Persistenz des „Haupt"-Elements
MITARBEITER_OBJTAB_ABTEILUNG	Verschachtelte Tabelle	Aufnahme der Attribut-Historie

Tabelle 37: Übersicht der Schemaanweisungen für Mitarbeiter und einem temporalen Attribut

---

[128] Diese werden auch als *Objekttabelle* (object table) bezeichnet. Da in dieser Arbeit aber die Umsetzung der ausgezeichneten Teilrelation, welche die zeitunabhängigen Attribute, die zeitabhängigen Attribute i.w.S. und die Lebensspanne des gesamten Objekts beinhaltet, als Objekttabelle bezeichnet wird, werden Tabellen, welche die Aufgabe der Persistenz von Objekttypen haben als *typisierte Tabellen* (zu dieser Bezeichnung siehe auch [Gep02] Seite 89) bezeichnet.

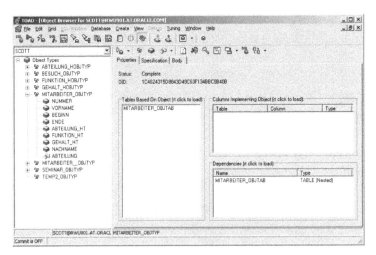

Abbildung 31: Der implementierte Objekttyp „Mitarbeiter"

Methoden

Durch die Typendefinition wird die *Struktur* von Objekttypen beschrieben. Eine der wesentlichen Erweiterungen der Objektorientierung ist jedoch das typspezifische *Verhalten*.

Alternativ zur impliziten SQL-Anweisung können im DBMS Oracle der Version 9*i* Methoden für Objekttypen auch explizit (d.h. nachträglich) in die Deklaration des Objekttyps eingebracht werden.

```
ALTER TYPE MITARBEITER_OBJTYP ADD
   MEMBER FUNCTION ABTEILUNG RETURN VARCHAR2 CASCADE;

ALTER TYPE MITARBEITER_OBJTYP ADD
   MEMBER    PROCEDURE    ADD_FUNKTION_HT    (FUNKTION    VARCHAR2,BEGINN
DATE,ENDE DATE) CASCADE;
```

Diese Deklarationen bedürfen aber auch einer entsprechenden Implementation.

```
CREATE OR REPLACE TYPE BODY MITARBEITER_OBJTYP AS
   MEMBER    PROCEDURE    ADD_FUNKTION_HT    (FUNKTION    VARCHAR2,BEGINN
DATE,ENDE DATE)
   IS
   BEGIN
     ...
     insert into
       table(select  m.FUNKTION_HT  from  MITARBEITER_OBJTAB  m  where
m.NUMMER = self.NUMMER) a
     values (FUNKTION,BEGINN,ENDE);
     ...
   END;
   -- Ermittelt die aktuelle Abteilung, siehe SQL3 VALIDTIME
   MEMBER FUNCTION ABTEILUNG
   RETURN VARCHAR2
```

```
IS
   abteilung varchar2(20);
BEGIN
   select a.ABTEILUNG
   into abteilung
   from TABLE(CAST(self.ABTEILUNG_HT AS ABTEILUNG_HNTAB)) a
   where a.BEGINN <= SYSDATE and a.ENDE >= SYSDATE;

   return abteilung;
   END;
END;
/
```

Die Anfrage:„Welcher Mitarbeiter zur Zeit in welcher Abteilung beschäftigt ist" kann im objektrelationalen DBMS mit folgender Anfrage ermittelt werden[129]:

```
select m.NUMMER, m.ABTEILUNG()
from MITARBEITER_OBJTAB m;
```

Diese Anfrage extrahiert einen Zustand zu einem bestimmten Zeitpunkt. Dabei übernimmt die Methode ABTEILUNG() die Funktion innerhalb der Abteilungshistorie, die aktuell gültige Abteilung auszuwählen und zurückzugeben.

Wird der Objekttyp mit einer statischen Methode ergänzt, durch die es möglich ist den Zeitpunkt zu setzen auf den sich die Anfrage beziehen soll können damit auch eingeschränkte „Timeslice" Anfragen einfach umgesetzt werden.

4.7 Temporale Integritätsbedingungen

Die temporalen Integritätsbedingungen betreffen insbesondere die Kollektionen. Zum Beispiel ist die Bedingung für Überlappungsfreiheit eine Bedingung, die mehr als ein „Objekt" – also mehrere Versionen – betrifft. Die Prüfung, dass diese Bedingung eingehalten wird ist somit Aufgabe der „Kollektion". Diese Konsistenzbedingungen können bei der Erzeugung *typisierter Tabellen* angegeben werden.

Im relationalen Modell wurden diese Bedingungen im konkreten DBMS Oracle durch Trigger realisiert. Da auch für die Persistenz der Objekte die Form der verschachtelten Tabelle gewählt wurde, können die Bedingungen ebenfalls mittels Trigger analog realisiert werden.

Primary Key Temporal

Jedes Objekt besitzt eine eigene Identität, die durch den *Objektidentifikator* (OID) gegeben ist. Dieser identifiziert ein Objekt eindeutig und unterscheidet es von allen anderen Objekten. Zusätzlich zu dieser grundlegenden Identifikation eines Objekts

---

[129] Diese Art von Anfrage wird in [Sno99] als „current valid time-slice query" bezeichnet.

können für eine typisierte Tabelle weiterhin Primärschlüssel bzw. eindeutige Schlüssel (UNIQUE KEY) angegeben werden.

Da im objektrelationalen Modell die „Kollektion" Tabelle nicht durch eine Klasse beschrieben wird, sondern als systeminterne Klasse des DBMS betrachtet werden kann, ist es nicht möglich die Validierungen des temporalen Primärschlüssels durch die „Kollektion" im objektorientierten Sinne durchführen zu lassen. Betrachtet man jedoch die Funktionalität, die in Triggern ausgeführt wird als Methoden der „Kollektionsklasse" Tabelle, so lässt sich dieses Konzept im weiteren Sinne in den Bereich der Objektorientierung einreihen.

Für die Umsetzung des temporalen Primärschlüssels gelten somit die Ausführungen, die bereits im relationalen Teil beschrieben wurden.

Foreign Key Temporal

Der FOREIGN KEY TEMPORAL wird im objektrelationalen Modell in seiner ursprünglichen Funktion – die Überprüfung der referenziellen Integrität im engeren Sinne - nicht mehr benötigt. Diese Funktion wird durch die Konstruktion der verschachtelten Tabelle implizit übernommen – die Validierung erfolgt auf Basis der OID (Objketidentifikator). Der temporale Teil tritt bei der Umsetzung der Validierung in den Vordergrund.

Für die Umsetzung der zeitbezogenen Attribute in das objektrelationale Modell wurde das Konstrukt der *verschachtelten Tabelle* gewählt. Es ist jedoch im DBMS Oracle nicht möglich diesem Konstrukt Trigger zuzuordnen. Daher hat die Validierung im Trigger der Objekttabelle zu erfolgen.

Object Constraint Language

Die *Object Constraint Language* (OCL)[130] stellt eine Sprache dar, die es ermöglicht Bedingungen in objektorientierte Modelle einzubringen.

Ein Versuch einer temporalen Erweiterung der OCL wird in [DKR00] und [Din00] unternommen.

Dass die OCL für den Einsatz in der datenbankgestützten Systementwicklung noch nicht so recht geeignet ist wird in [HS00] folgendermaßen beschrieben: „Es gibt zwar eine *Object Constraint Language* (OCL), die aber den Anforderungen an eine Integritätsbedingungssprache für Datenbanken (formale Semantik, Ausdrucksfähigkeit, Kopplung mit Anfragesprachen) im aktuellen Standardisierungsstand nicht genügt."[131]

Die OCL ist für den Einsatz im konzeptionellen Entwurf durch ihre komplexe mathematische Syntax – und dies noch mehr bei Einbringen der temporalen Logik[132] -

---

[130] Für eine detaillierte Darstellung siehe [WK99]. Die Spezifikation ist [OMG97] zu entnehmen.

[131] [HS00] Seite 95

[132] siehe z.B. [MP92]

nur bedingt geeignet. Die OCL kann nur bedingt graphisch in ein UML Diagramm integriert werden, ohne dabei die Anforderungen an ein klar verständliches Diagramm zu verletzen. Zur Nutzung eines Diagramms als Kommunikationsmittel wäre die Möglichkeit der Präsentation von „Bedingungen" direkt im Diagramm – wie etwa im *Object-Role-Modelling*[133] bzw. *NIAM*[134]- wünschenswert. Aufschlüsse darüber, ob und wie ein solches Vorhaben umsetzbar wäre, könnten weiterführende Arbeiten zu [Che97] und [Che98] geben.

4.8   Mutationsoperationen

Die Syntax der *Mutationsoperationen* im objektrelationalen Modell kann analog zu dem, des relationalen Modells erfolgen.

Temporale Einfüge-Operation

Zur Durchführung einer Einfüge-Operation im objektrelationalen Modell wird eine Instanz eines Objekttyps erzeugt, die als Tupel in die entsprechende typisierte Tabelle eingefügt wird.

Im Gegensatz zum relationalen Modell - bei dem zur Durchführung dieses Beispiels mehrere getrennte Anweisungen nötig sind - kann hier das Objekt inklusive der temporalen Attribute in einer einzelnen Anweisung angegeben werden. Um diese Operation im relationalen Modell als eine einzelne Anweisung durchzuführen, bedarf es der Unterstützung einer konzeptionellen „Zwischenschicht" (siehe dazu das Kapitel „TimeFrame").

```
insert into mitarbeiter_objtab (
  NUMMER,VORNAME,FUNKTION,BEGINN,ENDE,ABTEILUNG_HT,        FUNKTION_HT,
GEHALT_HT
) values (
  1,'Raul','Mayer','01-JAN-1999','31-DEC-9999',
  ABTEILUNG_HNTAB(ABTEILUNG_HOBJTYP('AI','01-JAN-1999','31-DEC-
9999')),
  FUNKTION_HNTAB(FUNKTION_HOBJTYP('ASSISTENT','01-JAN-1999','31-DEC-
9999')),
  GEHALT_HNTAB(GEHALT_HOBJTYP(20000,'01-JAN-1999','31-DEC-9999'))
);
```

Die „Verbindung" des Eintrags des temporalen Attributs in die nested-table und der Tabelle für das Objekt erfolgt dabei implizit. Diese „Verknüpfung" muss im relationalen Modell explizit gewartet werden.

---

[133] [Hal99]

[134] Eine Beschreibung findet sich z.B. in [Neu94].

Mittels der „objektrelationalen" Syntax ist es auch möglich ein Objekt anzulegen und die Historie der zeitbezogenen Attribute in einer einzelnen Anweisung anzuführen. Im Folgenden ist ein Beispiel für das Einfügen eines Mitarbeiters mit seiner Abteilungshistorie ausgeführt:

```
insert into mitarbeiter_objtab (
  NUMMER, VORNAME, BEGINN, ENDE, ABTEILUNG_HT, FUNKTION_HT, GEHALT_HT
) values (
  2, 'Maria', '05-APR-1988', '31-DEC-9999',
  ABTEILUNG_HNTAB(ABTEILUNG_HOBJTYP('AI','05-APR-1988','10-APR-1993'),
                  ABTEILUNG_HOBJTYP('PD','11-APR-1993','06-FEB-1996'),
                  ABTEILUNG_HOBJTYP('IW','07-FEB-1996','31-DEC-
9999')),
  FUNKTION_HNTAB(FUNKTION_HOBJTYP('DOZENT',      '05-APR-1988','31-DEC-
9999')),
  GEHALT_HNTAB(GEHALT_HOBJTYP(45000, '05-APR-1988','31-DEC-9999'))
);
```

Operationen für temporale Attribute in verschachtelte Tabellen

Einfügen neuer Elemente in eine temporale Kollektion

Die folgende Anweisung zeigt das Hinzufügen eines neuen Wertes in ein temporales Attribut.

```
insert into
  table(select  m.ABTEILUNG_HT  from  MITARBEITER_OBJTAB  m  where
m.NUMMER = 2)
values ('CORE','16-APR-2002','15-OCT-2002')
```

Ändern von Elementen einer temporalen Kollektion

Mittels der folgenden Anweisung wird ein Attribut eines temporalen Eintrags geändert.

```
update
  table(select  m.ABTEILUNG_HT  from  MITARBEITER_OBJTAB  m  where
m.NUMMER = 2) a
set a.ENDE = '15-APR-2002'
where a.BEGINN = '16-APR-2002'
```

Die folgende Anweisung würde einen kompletten historischen Eintrag auswechseln.

```
update
  table(select  m.ABTEILUNG_HT  from  MITARBEITER_OBJTAB  m  where
m.NUMMER = 2) a
set value(a) = ABTEILUNG_HOBJTYP('PROD','11-APR-1993','15-APR-2002')
where a.BEGINN = '16-APR-2002'
```

Löschen von Elementen aus einer temporalen Kollektion

```
delete from
   table(select   m.ABTEILUNG_HT   from   MITARBEITER_OBJTAB   m   where
m.NUMMER = 2) a
where a.BEGINN = '16-APR-2002'
```

Temporale Änderungs-Operation

Die Änderungen für typisierte Tabellen erfolgen analog derer des relationalen Modells.

```
UPDATE MITARBEITER
SET NACHNAME='Huber', FUNKTION='DOZENT', GEHALT='20000',
BEGINN='01.01.1999', ENDE='31.12.9999'
WHERE M#=1;
```

Diese konzeptionelle Operation würde in folgende Anweisungen zerlegt werden:

```
update MITARBEITER_OBJTAB
set vorname = ‚HUBER'
where NUMMER = 1;

update
   table(select m.FUNKTION_HT from MITARBEITER_OBJTAB m where m.NUMMER
= 1) a
set a.ENDE = '31-DEC-1998'
where a. ENDE = '31-DEC-9999';

insert into
   table(select   m.ABTEILUNG_HT   from   MITARBEITER_OBJTAB   m   where
m.NUMMER = 1)
values ('DOZENT','01-JAN-1999','31-DEC-9999');
```

4.9   Informationsgewinnung

Durch die objektrelationale Umsetzung ist die Anfrage und Navigation der temporalen Attribute einfacher als im relationalen Schema, bei dem für Teilrelationen explizite Verknüpfungen erstellt werden müssen.

Das folgende Beispiel zeigt die „Neueinsteiger" in einer Abteilung nach dem 09.04.1993.

```
select   m.NUMMER,   m.NACHNAME,   a.ABTEILUNG,   a.BEGINN,   a.ENDE,
a.NESTED_TABLE_ID
from mitarbeiter_objtab m, TABLE(ABTEILUNG_HT) a
where a.BEGINN > to_date('09-APR-1988');
```

NUMMER	NACHNAME	ABTEILUNG	BEGINN	ENDE
2	Huber	PROD	10.04.93	15.04.02
4	Simpl	CONS	05.06.01	10.06.02

```
4            Simpl       PROD                    10.06.01 15.06.93

select m.NUMMER,NACHNAME
from mitarbeiter_objtab m
where
  exists( select 'X'
          from TABLE(m.ABTEILUNG_HT) x
          where x.BEGINN > to_date('10-APR-1993')
  );

NUMMER       NACHNAME
----------   ----------
2            Huber
4            Simpl
```

4.10   Resümee

Dieses Kapitel hat untersucht, inwieweit die Anwendung des Modells RETTE auf das objektrelationale Modell praktikabel und sinnvoll erscheint. Es wurde ein grober Leitfaden zur Umsetzung des temporalen Aspekts in objektrelationalen Systemumgebungen, im speziellen mit einer Oracle Umgebung gegeben. Inwieweit sich diese auf Systeme anderer Hersteller umsetzen lassen ist Gegenstand weiterführender Arbeiten. Aufbauend auf dieser Darstellung können in zukünftigen Arbeiten Spezialfälle und Details vor allem im Bereich der Operationen bzw. Methoden und Bedingungen (constraints), die sich auf temporale Attribute beziehen, behandelt werden.

*Die Zeit kommt in die Welt durch das kollektive
Verhalten vieler Teilchen. - Sie bildet eine reale
Illusion.*[135]

5 Rechnergestützte Systementwicklung

Bei der Erstellung von fast jedem Informationssystem wird das Entwicklungsteam
früher oder später damit konfrontiert, in irgendeiner Weise zeitbezogene
Informationen in das zu erstellende System einzubringen. Da in konventionellen
Datenbanksystemen für den temporalen Aspekt kaum Unterstützung geboten wird,
entwickelt oft jeder Datenbankentwickler seinen eigenen Ansatz. Viele dieser Ansätze
wurden erst in den letzten Jahren in einigen theoretischen Arbeiten strukturiert
zusammengefasst.

Einen durchgängigen Ansatz, der bereits in der Analyse den temporalen Aspekt von
Informationssystemen berücksichtigt und diesen dann auch konsequent bis hin zur
Implementierung beschreibt, stellt das zuvor beschriebene Modell RETTE dar. Nach
dieser kurzen Darstellung der wesentlichen Charakteristika des Modells RETTE
werden in diesem Kapitel Erfahrungen, die mit diesem Modell im praktischen Einsatz
gewonnen wurden, beschrieben.

5.1 Praktischer Einsatz

Der praktischen Umsetzung diverser Lösungsvorschläge aus der Literatur[136] zur
Behandlung des temporalen Aspekts in einem bereits bestehenden unternehmensweiten Informationssystem standen vor allem die folgenden Punkte im Wege:

---

[135] siehe [Gen96] Seite 41

[136] Für eine Übersicht temporal erweiterter Modelle und Beispiel von Prototypen vgl. etwa
[GJ97], [Kai98], [Böh99] oder [Ste99]

-   Für einige Ansätze müsste die gesamte Datenbankarchitektur umgestellt werden, weil es in diesen Modellen oftmals nicht möglich ist, nur einen Teilbereich des Informationssystems temporal zu betrachten. Dies ist unter Umständen für komplette Neuentwicklungen ein praktikabler Weg; für die schrittweise Einführung temporaler Daten sind diese Ansätze in der Praxis aber in den meisten Fällen nicht realisierbar.

-   Andere Ansätze wiederum erfordern eigene Bewirtschaftungssysteme, um den temporalen Aspekt sinnvoll in das System einzubringen. Vor allem bei Verwendung der Tupelzeitstempelung kann oft nicht mehr auf die gewohnten Werkzeuge für graphische Benutzerschnittstellen zurückgegriffen werden.

Im Unterschied dazu gliedert sich das Modell RETTE in die bisherige konventionelle Architektur von unternehmensweiten Informationssystemen nahtlos ein.[137]

Durch die praktische Erfahrung, dass zumeist bereits in der Analysephase bekannt ist, welche Teile des Informationssystems in der zeitlichen Betrachtung von Interesse sind, kann der im Modell RETTE vorgestellte Ansatz begrüßt werden, den Aspekt Zeit bereits in einer möglichst frühen Phase strukturiert zu berücksichtigen. Die *Aufwärtskompatibilität* des temporal erweiterten ER-Modells ermöglicht es, die Teile des Informationssystems, in denen die zeitliche Betrachtung keine Rolle spielt, wie gewohnt zu modellieren. Dieser Aspekt trägt wesentlich zur Akzeptanz des Modells RETTE für den praktischen Einsatz in der Analysephase bei. Da an der Notation für vorhandene Modelle nichts geändert werden muss, können diese bei Bedarf unangetastet bestehen bleiben.

Rechnergestützte Systementwicklung

Die meisten derzeit verfügbaren *Werkzeuge zur rechnergestützten Systementwicklung*[138] unterstützen den Entwickler nur aus dem Gesichtspunkt von Schnappschussmodellen[139]. Die Umsetzung des Modells RETTE in ein konkretes Werkzeug erscheint in Anbetracht der für die Praxis zu bewältigenden Aufgabestellungen als erstrebenswert.

Der in diesem Buch vorgestellte *Prototyp* zeigt die Machbarkeit eines solchen Werkzeugs auf. Durch dieses Werkzeug können vorhandene ER-Modelle bei Bedarf um eine temporale Komponente erweitert werden, ohne dabei eine Konvertierung des vorhandenen Modells durchführen zu müssen.

---

[137] für nähere Ausführungen siehe Kapitel 4 Zusammenfassung

[138] CASE-Tools (computer aided system engineering)

[139] Dies bezieht sich sowohl auf das Modellieren der Modell-Realitäten als auch der Modell-Systeme, die unter dem Gesichtspunkt der Kybernetik I modelliert werden.

Eine wesentliche Unterstützung bei der Planung, Gestaltung, Entwicklung und Portierung integrierter Informationssysteme bieten rechnergestützte Werkzeuge. Eine effektive und effiziente Informationssystementwicklung und dessen Management wird erst durch integrierte Werkzeuge und Methoden ermöglicht. Diese werden unter dem Begriff CASE (*computer-aided system engineering*) subsummiert.

Schritte des Datenbankentwurfs	relationale Informationssysteme
Konzeptioneller Entwurf	Entity-Relationship Modell
Konzeptionelles Schema	*(temporal erweitertes) ER-Diagramm*
logischer Entwurf	relationales Modell
logisches Schema	*(zeitbezogene) Relationen*
physischer Entwurf	Tabellen, etc.
physisches Schema	*konkretes DBMS (z.B. Oracle)*
Implementierung	*SQL (DDL)*

Tabelle 38: (temporal erweiterte) Entwurfsschritte

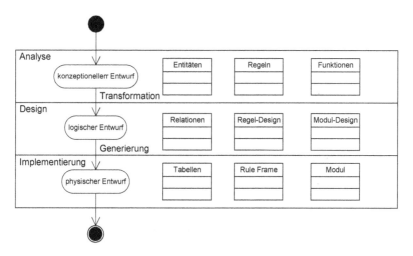

Abbildung 32: Entwicklungsablauf

Die Analyseumgebung des *Oracle Designer* besteht aus dem *Entity-Relationship Diagrammer* und einer Anzahl von anderen Analysewerkzeugen. Durch die integrierte Umgebung ist es möglich Information, die in der Analysephase strukturiert erfasst wurde, durch Anwendung von Werkzeugen in die Designphase überzuleiten.

Die Design und Entwicklungsumgebung des *Oracle Designer* besteht aus dem *Design Editor* und einer Anzahl von generierenden Werkzeugen. In dieser Umgebung ist es möglich, Datenbankschemata zu planen und daraus mit dem Werkzeug *Server Generator* Schemaanweisungen für konkrete Datenbankmanagementsysteme zu generieren. Des weiteren ermöglicht diese Umgebung auch das Generieren von graphischen Benutzerschnittstellen wie z.B. für *Oracle Forms*, Web Server Packages, etc. Dazu stehen die Werkzeuge *Form Generator*, *Help Generator*, *Library Generator*, *Web PL/SQL Generator*, *Report Generator* und *Visual Basic Generator* zur Verfügung.

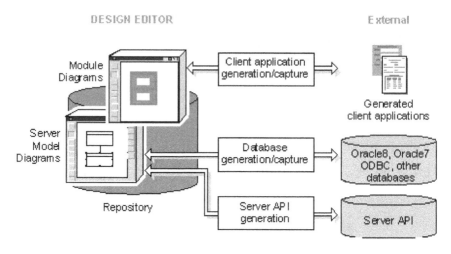

Abbildung 33: Design- und Generierungsumgebung[140]

Durch die Offenheit dieser Umgebung ist es möglich und erwünscht weitere Werkzeuge in dieses System zu integrieren. Die eingebrachte Information wird in einem gut dokumentierten Datenbankschema abgelegt. Auf dieses Schema kann mit SQL-Anweisungen zugegriffen werden. Das Einbringen von Information erfolgt durch das Ansprechen von API (Application Programming Interface), die zur Verwendung offen stehen. Diese Funktionalitäten kamen für die effiziente Umsetzung des Modells RETTE zum Einsatz.

Die Details des Generierungsprozesses an dieser Stelle zu beschreiben würde über die Kernproblematik dieses Buchs hinausgehen. Für eine detaillierte Beschreibung dieses Prozesses siehe [Ora01]; für einen groben Überblick auch [Eic94].

Im Folgenden wird beschrieben, welche Erweiterungen und Vorgehensweisen benötigt werden, um das Modell RETTE in einer solchen Umgebung umsetzen zu können. Dieses Kapitel beschreibt grob den Vorgang und die Ergebnisse der einzelnen Entwicklungsphasen. Ein detaillierter Einblick und Überlegungen zur Systemarchitektur werden im Kapitel „TimeFrame" gegeben.

---

[140] entnommen aus [Ora01]

5.2   Analysephase

Als Analysewerkzeug wird der *Entity-Relationship Diagrammer* des Werkzeugs *Oracle Designer*[141] eingesetzt. Die Anpassungen des *zentralen Verzeichnisses* (Repository) des Werkzeugs *Oracle Designer* an die Anforderungen des Modells RETTE ist über dessen Erweiterungsmechanismus[142] problemlos zu bewerkstelligen. Um die temporalen Attributarten in die Analyse aufnehmen zu können, wird eine zusätzliche Eigenschaft des Attributtyps im Metamodell hinzugefügt. Für die Analyse von Attributen ist es so möglich, den zeitlichen Aspekt zu berücksichtigen.

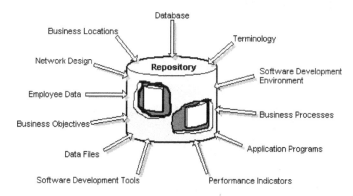

Abbildung 34: zentrales Verzeichnis des *Oracle Designer*[143]

Die Visualisierung der temporalen Attributarten kann auf diese Weise jedoch nicht vorgenommen werden, so dass die im Modell RETTE vorgeschlagene graphische Darstellung mit dem Oracle Designer nicht umgesetzt werden kann. Das stellt im Allgemeinen kein allzu großes Hindernis dar. Auch andere Informationen wie Datentyp, Berechtigungen, etc. sind im ER-Diagramm nicht direkt sichtbar. Durch geringe Modifikationen können in den Berichten zu den Diagrammen die zeitbezogenen Attributarten jedoch angeführt werden.

Folgende Kürzel werden verwendet, um die temporale Attributart zu kennzeichnen:

---

[141] „Oracle Designer is a toolset for modeling, designing and generating client/server databases and database applications. Integrated with Oracle Forms and Oracle Reports, Oracle Designer provides a solution for developing second generation enterprise client/server systems." [Ora01]

[142] Durch "User Extensions" können sowohl neue Eigenschaften der Objekttypen als auch neue Objekttypen selbst ins zentrale Verzeichnis eingearbeitet werden.

[143] entnommen aus [Ora01]

ZEIT_B	Zeitstempelattribut Beginn
ZEIT_E	Zeitstempelattribut Ende
ZEIT_IWS	Zeitabhängige Attribute im weiteren Sinn
ZEIT_IES	Zeitabhängige Attribute im engeren Sinn
ZEIT_ZYKL	Zeitabhängige zyklische Attribute

Tabelle 39: Kennzeichnung der Attributarten

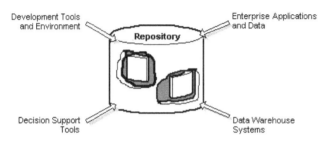

Abbildung 35: Metainformation des zentralen Verzeichnisses des *Oracle Designer*[144]

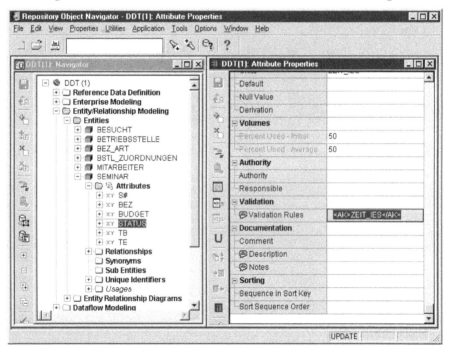

Abbildung 36: Kennzeichnung eines temporalen Attributs

---

[144] [Ora01]

Zeitbezogene Beziehungen werden im Modell RETTE durch Zeitstempelattribute gekennzeichnet. Das Metamodell des *Oracle Designer* erlaubt keine attributierten Beziehungstypen. Diese müssen anhand von Entitätstypen modelliert werden. Durch dieses Vorgehen verliert das ER-Modell jedoch etwas an Klarheit. Für die Ableitung in das relationale Modell stellt dies aber keine Erschwernis dar, da temporale Beziehungstypen im Modell RETTE immer in eigene Relationen aufgelöst werden.

Um das, im Modell RETTE verwendete Konzept der *Synchronitätsklassen* abbilden zu können, wird das Metamodell des *Oracle Designer* um ein entsprechendes Element mit dem Attribut Bezeichnung erweitert. Im praktischen Einsatz ist es zweckmäßig, für Synchronitätsklassen, denen mehrere Attribute angehören, eine eigene Bezeichnung zu vergeben. Den Synchronitätsklassen können Attribute zugeordnet werden, wobei jedes Attribut nur einmal in einer Synchronitätsklasse enthalten sein kann.

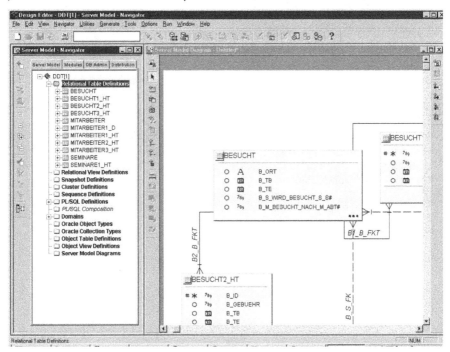

Abbildung 37: Auflösung in Teilrelationen

5.3 Implementierung

Ein aus der Aufarbeitung der theoretischen Grundlagen dieser Buchs entstandener Prototyp eines generierenden Werkzeugs, der *„Database Design Transformer for RETTE“*, welches den im Modell RETTE vorgeschlagenen Mapping-Algorithmus umsetzt, ermöglicht es, effizient aus dem temporal erweiterten ER-Modell zu Relationen zu gelangen[145].

Für die Bezeichnung der Teilrelationen werden folgende Konventionen verwendet:

<Bezeichnung der Objektrelation im Singular>_<Bezeichnung des Attributs>_HISTORIE[146] beziehungsweise

<Bezeichnung der Objektrelation im Singular>_<Bezeichnung des Synchornitätsklasse>_HISTORIE.

Diese Regel ist jedoch nur für Synchronitätsklassen anwendbar, die nur ein Attribut beinhalten. Für Synchronitätsklassen, die nur ein Attribut beinhalten, wird vom Werkzeug die Bezeichnung des Attributs als Standardwert herangezogen. Um dies zu illustrieren, sei folgendes Beispiel angeführt:

MITARBEITER (Objektrelation)
MITARBEITER_GEHALT_HISTORIE (Teilrelation)
MITARBEITER_FUNKTION_HISTORIE (Teilrelation)
SEMINARE (Objektrelation)
SEMINAR_PREIS_HISTORIE (Teilrelation)

Die Bezeichnung HISTORIE kann durch den Code „HT" abgekürzt werden. Dies kann notwendig werden, da es ansonsten immer wieder zur Überschreitung der maximal zulässigen Bezeichnungslänge für Relationen im DBMS Oracle kommt[147].

Die Tatsache, dass das Modell RETTE lediglich die Abbildung der Gültigkeitszeit behandelt, ist für den praktischen Einsatz eher ein willkommener Umstand. Die Transaktionszeit wurde in dieser konkreten Implementierung durch „Journalisierung" abgebildet.

---

[145] Der Source-Code dieses Prototyps kann aus Platzgründen in dieser Arbeit nicht angeführt werden, kann aber bei Interesse unter folgender email angefordert werden: h8852042@wu-wien.ac.at.

[146] Die Bezeichnung HISTORIE wurde in Anlehnung an das bereits in [Cod70] dargestellte Beispiel von „employee, jobhistory, salaryhistory and children" gewählt.

[147] vgl. [Ora99]

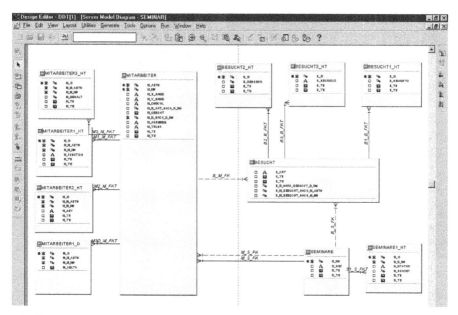

Abbildung 38: temporal erweitertes ER-Modell umgesetzt in Teilrelationen

Einer der wesentlichen Aspekte in einem Informationssystem ist die Gewährleistung der Datenintegrität. Durch die im Modell RETTE aufgezeigten Möglichkeiten der Implementierung von temporalen Integritätsbedingungen[148] in konventionellen relationalen Datenbanksystemen ist es möglich, diese bereits bei der Ableitung aus dem ER-Modell automatisiert zu erzeugen.

Die im Modell RETTE verfolgte Methode der Zeitstempelung und der vorgeschlagene Zerlegungsalgorithmus lassen sich in die Architektur eines konventionellen relationalen Modells einfach integrieren.

5.4   Einschränkungen und Ergänzungen

Um eine einfache und rasche Implementierung zu gewährleisten, werden einige einschränkende Annahmen getroffen.

Für die *Objektlebensdauer werden keine Lücken* zugelassen. Durch diese Annahme ist es möglich, typisierte Tabellen (Objekttabellen) mit konventionellen Primärschlüsseln zu versehen. Diese Annahme kann bereits in der Analysephase als Geschäftsregel festgelegt werden.

---

[148] Für die Umsetzung dieses Punktes in konventionelle Datenbanken bietet [Sno00] wertvolle Unterstützung.

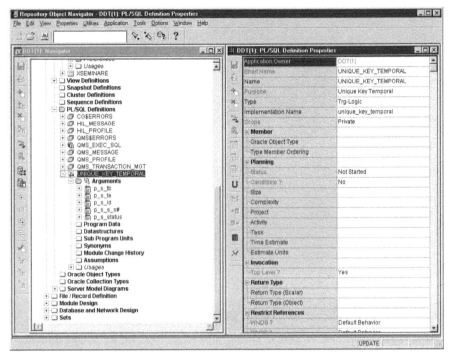

Abbildung 39: Unique Key Temporal

Die *Teilrelationen werden mit Surrogatschlüsseln* versehen, damit auch die Teilrelationen mit nicht zusammengesetzten konventionellen Primärschlüsseln implementiert werden können.[149] Der Fremdschlüssel zwischen Teil- und Objektrelation wird ebenfalls mittels konventioneller Fremdschlüsselbeziehung realisiert. Dieser wird jedoch durch temporale Integritätsbedingungen ergänzt.

Zusätzlich zu den konventionellen Schlüsseln werden die im Modell RETTE aufgezeigten PRIMARY KEY TEMPORAL und FOREIGN KEY TEMPORAL Integritätsbedingungen mittels *Trigger und Stored-Procedures innerhalb eines Geschäftsregel-Rahmenwerks* umgesetzt.

---

[149] Dies kann gleichermaßen durch einen zusammengesetzten Primärschlüssel auf den Fremdschlüssel und ein Zeitstempelattribut realisiert werden.

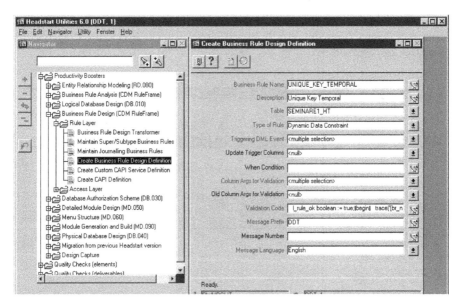

Abbildung 40: Festlegen von Geschäftsregeln

Einer der Vorteile des Modells RETTE für den praktischen Einsatz zeigt sich auch im Zerlegungsalgorithmus. Dieser kann auch auf bereits bestehende Relationen angewandt werden. Dadurch ist es möglich, systematisch bestehende Applikationen um temporale Aspekte zu erweitern.

Einen „Sicherheitspolster" in der Entwicklung bietet die Möglichkeit, aus einem temporal erweiterten Schema jederzeit ein Schnappschussmodell erzeugen zu können. Allein dieser Umstand minimiert am Beginn das „Misstrauen" in ein neues und daher unbekanntes System.

Erste Praxiserfahrungen in einem konkreten Projekt[150] dokumentieren, dass sich das Modell RETTE als flexibles, dynamisches Modell zeigt, welches es erlaubt, den temporalen Aspekt zu unterschiedlichen Zeitpunkten der Entwicklung in ein Informationssystem einzuarbeiten.

5.5 Benutzerschnittstelle

Der Einsatz der unterschiedlichen zeitbezogenen Attributarten sollte nicht vor dem Benutzer verborgen werden, denn es sind in erster Linie die Benutzer, die in der Analysephase die „Historie" des einen oder anderen Attributs fordern. Die Umsetzung dieser Forderung sollten die Benutzer daher auch in der Realisierung der Applikation wieder finden. Die Eingabeformulare können so ausgelegt werden, dass die Objektrelation als Hauptblock dargestellt wird. Die Synchronitätsklassen werden

---

[150] vgl. dazu auch weiter unten in diesem Kapitel.

mit den Zeitstempel-Attributen als Detailblöcke im Formular angeordnet. Durch die Implementierung der temporalen Integritätsregeln werden fehlerhafte Eingaben der Benutzer zurückgewiesen.

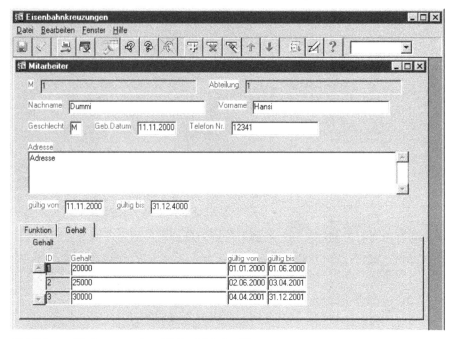

Abbildung 41: temporales Attribut "Gehalt"

Sollte die Anzahl der zeitbezogenen Attribute eines Entitätstyps, die jeweils unterschiedlichen Synchronitätsklassen angehören, einen gewissen Wert überschreiten, müssen wahrscheinlich andere Wege der Realisierung eingeschlagen werden.

Abbildung 42: Periodenanzeiger

Sichtraum – temporales Attribut im engeren Sinn

Die beschriebenen Erfahrungen wurden hauptsächlich während der Implementierung eines Eisenbahnkreuzungsinformationssystems bei den Österreichischen Bundesbahnen gewonnen. In der Zwischenzeit wurden jedoch auch andere technische Applikationen auf diese Weise um den temporalen Aspekt erweitert.

Die Anforderungen, die an dieses System gestellt wurden, waren in erster Linie die Nachvollziehbarkeit der Ausprägungen einiger ausgewählter „kritischer" Attribute. Es sollte gewährleistet werden, dass die Entwicklung der Eisenbahnkreuzungen in diesen Punkten dokumentiert werden kann, um dies als „Verhandlungsgrundlage"[151] heranziehen zu können.

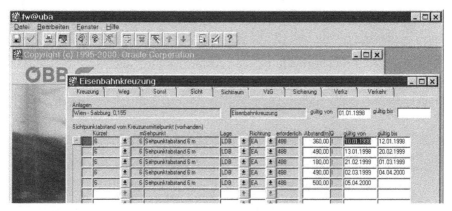

Abbildung 43: Benutzerschnittstelle eines temporalen Attributs

Die dargestellte Abbildung zeigt ein Beispiel für eine Benutzerschnittstelle im o.g. Anwendungsfall. Im Formular ist die Historie des vorhandenen Sichtraums einer Eisenbahnkreuzung dargestellt. Die Felder in grau stellen Referenzwerte des vorgeschriebenen Sichtraums für den Sechs-Meterpunkt dar. Es wird die Historie des Abstands des Sichtpunktes in Meter vom Kreuzungsmittelpunkt dokumentiert – d.h. der vorhandene Sichtpunktabstand wurde als zeitbezogenes Attribut im engeren Sinne der Eisenbahnkreuzung modelliert und abgeleitet. Wird bei einer Überprüfung festgestellt, dass sich der Abstand verringert – z.B.: durch Bewuchs, Hindernisse, etc., so sind entsprechende Maßnahmen zu ergreifen.
Dem Benutzer ist es auch gestattet, die Historie zu ändern. Durch die temporalen Integritätsbedingungen wird sichergestellt, dass die Eintragungen konsistent bleiben.

---

[151] Ein Beispiel ist, es aufzuzeigen in welcher Weise sich das Verkehrsmoment auf dieser Eisenbahnkreuzung entwickelt.

Arbeitsgruppen – temporaler Beziehungstyp

Das Beispiel „Arbeitsgruppen" zeigt einen temporalen Beziehungstyp. Eine Arbeitsgruppe ist während eines Gültigkeitsintervalls einer Kostenstelle zugeordnet. Die praktische Umsetzung in ein Formular kann aus der untenstehenden Abbildung ersehen werden.

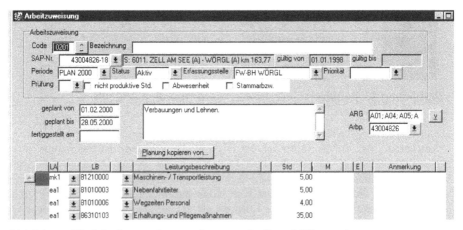

Abbildung 44: Arbeitszuweisung – temporaler Foreign Key

Das folgende Formular stellt den Umstand dar, dass eine Arbeitszuweisung nur innerhalb des Gültigkeitsintervalls des ihr zugeordneten Auftrags existieren kann.

Abbildung 45: Arbeitszuweisung – temporale Geschäftsregeln

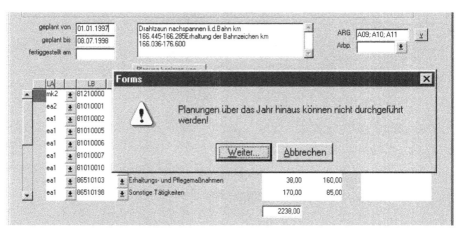

Abbildung 46: Arbeitszuweisung

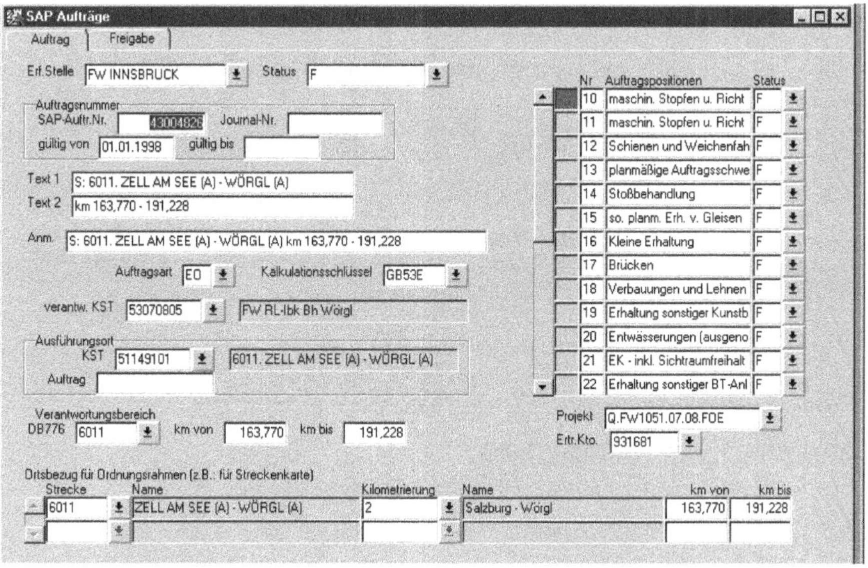

Abbildung 47: Auftrag

Ein Auftrag wird für eine Kostenstelle (KST) für einen bestimmten Zeitraum freigegeben. Dieses Formular stellt die Umsetzung eines temporalen Beziehungstyps zwischen Auftrag und Kostenstelle dar.

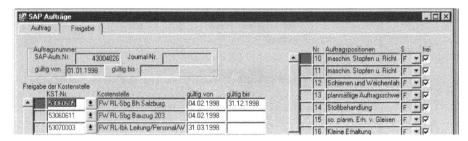

Abbildung 48: Auftragsfreigabe

Zeiterfassung – Benutzerdefinierte Zeit

Für den Endbenutzer ist die Verwendung der Zeitstempelattribute und der Attribute für benutzerdefinierte Zeit sehr ähnlich. Dadurch konnte die Attributzeitstempelung in den entwickelten Formularen dem Benutzer ohne größeren Aufwand näher gebracht werden.

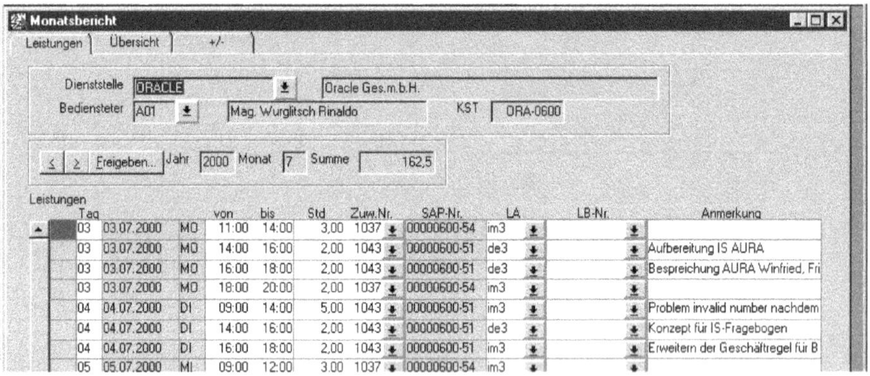

Abbildung 49: Leistungserfassung

5.5.1   Arbeitsgruppen

Arbeitsgruppen sind Personengruppen innerhalb einer Abteilung, die dynamisch für eine gewisse Zeit zusammengesetzt werden. Der Code dieser Arbeitsgruppen basiert auf der Domäne A01 bis A99. Werden Arbeitgruppen aufgelöst, soll deren Code anderen Arbeitsgruppen wieder zugeordnet werden können.

Für die Umsetzung wurde der Attributtyp Code des Entitätstyps Arbeitsgruppe als TEMPORAL UNIQUE festgelegt, da die Tabelle einen konventionellen Primärschlüssel, der auf einem Surrogatschlüssel aufbaut, aufweist. Der Entitätstyp Arbeitsgruppe wurde mit den Zeitstempelattributen GUELTIG_VON und GUELTIG_BIS versehen.

Erfassungsstelle		C	⬩	Bezeichnung	von	bis	⬩	KST-Nr.	
FW-BH WÖRGL	±	A01		Bahnaufsicht (Verwaltung)	01.01.1998			53070805	±
FW-BH WÖRGL	±	A02		Vermesser Wörgl	01.01.1998			53070805	±
FW-BH WÖRGL	±	A03		Rotte Wörgl	01.01.1998			53070805	±
FW-BH WÖRGL	±	A04		Rotte Kufstein	01.01.1998			53070805	±
FW-BH WÖRGL	±	A05		Rotte Westendorf	01.01.1998			53070805	±
FW-BH WÖRGL	±	A06		Bahnbau	14.09.1998	31.12.1999		53070805	±
FW-BH WÖRGL	±	A06		Rotte Brückenbau	01.01.2000			53070809	±

Abbildung 50: Arbeitsgruppen

5.5.2 Verrechnungsunterstützung für Vorschreibung

Das Attributzeitstempel-Modell hat sich in der Praxis als leichter umsetzbar, als das Tupelzeitstempelverfahren herausgestellt. Der anfänglich erhöhte Aufwand lohnt sich bereits, wenn es um die Wartung und Anfrage des Modells geht.

Sind in einem Tupel die Attribute generell voneinander funktional abhängig, so muss dies nach Einführen des temporalen Aspekts nicht weiterhin gelten. Würden die Attribute weiterhin in einem Tupel gehalten und bei jeder Änderung ein weiterer Satz angelegt, so würde auf jeden Fall das Grundprinzip des relationalen Modells verletzt werden.

Für dieses Beispiel sei angenommen, dass ein Unternehmen so genannte Vorschreibungen für ihre registrierten Kunden vorzunehmen hat. Als kundenfreundliches Unternehmen kann der Kunde unter folgende Zahlungskonditionen wählen:

Zahlungsart	Einziehungsauftrag, Zahlschein
Zahlungsperiode	zwei-monatlich, halbjährlich, jährlich
Zahlungsadresse	Angabe der Adresse

Tabelle 40: Zahlungsbedingungen

Von wann bis wann sich der Kunde für welche Zahlungsart entscheidet bzw. wann sich der Kunde für welche Zahlungsadresse entscheidet, ist nicht voneinander abhängig und sollte daher entsprechend dem Modell RETTE in zwei unterschiedlichen Tabellen geführt werden.

5.6 Resümee

Im wesentlichen steht mit dem Modell RETTE jedem Entwickler ein Weg, den temporalen Aspekt in Informationssystemen mit angemessenem Zeit- und Kostenaufwand zufrieden stellend zu berücksichtigen, offen.

Die im Zuge dieses Buchs für die Umsetzung entwickelten Prototypen von generierenden Werkzeugen bedürfen sicherlich noch einiges an Feinarbeit. Dass dieser Weg ein gangbarer ist, konnte jedoch bereits damit aufgezeigt werden.

Erweiterungen in Bezug auf *Geschäftsregeln* wären wünschenswert, da oft bereits in der Analysephase Regeln bezüglich temporaler Abhängigkeiten definiert werden. Solch eine „inter-Entity" Regel wäre etwa die folgende:

- Ein Auftrag für eine Eisenbahnkreuzung darf nur abgeschlossen werden, wenn keine offene Arbeitszuweisung für diese in diesem Zeitraum existiert.

- Ein Auftrag kann jedoch über den Zeitraum der Eisenbahnkreuzung hinaus bestehen.

Es ist zu klären, ob solche Analyseinformationen in den Bereich der Daten oder Funktionsmodellierung einzugliedern sind.

Besteht die Möglichkeit, auf ein flexibles zentrales Entwicklungsverzeichnis zuzugreifen, so stellt das Modell RETTE eine rasch zu realisierende Möglichkeit dar, den temporalen Aspekt in die konventionelle Informationssystementwicklung zu integrieren. Bereits bestehende Schemata können dabei unangetastet bleiben.

Ein Modellierungswerkzeug, welches auch die graphische Notation der zeitbezogenen Informationen unterstützt, wäre jedoch sicher wünschenswert.

Zusammenfassend konnten bei der Umsetzung zeitbezogener Daten in betrieblichen Informationssystemen mit einer Oracle-Umgebung folgende Kriterien festgestellt werden, die einen Einsatz des Modells RETTE generell praktikabel erscheinen lassen:

- Es werden *keine neuen Systeme* (Listener, zusätzliche Layer, eigene Interpreter, etc.) benötigt, und das gesamte bestehende System muss nicht umgestellt werden, sondern nur diejenigen Teile des Systems, welche einen temporalen Bezug aufweisen.

- Durch die temporale Erweiterung des ER-Modells können auch dem *Benutzer während der Analyse* und Implementierung zeitbezogene Aspekte relativ einfach erklärt werden.

- Die *Normalformen* bleiben weitestgehend erhalten

- Die Entwicklung der *Benutzeroberfläche* kann wie gewohnt weitergeführt werden.

- Die *konventionellen Primär- und Fremdschlüssel* können (wenn auch mit ein paar einschränkenden Annahmen) weiterhin bestehen bleiben.

- Der Vorschlag zur Implementierung temporaler Bedingungen in *Standard SQL* erlaubt eine problemlose Umsetzung in das jeweilige konventionelle Datenbanksystem.

Die Details der entwickelten Werkzeuge und deren Handhabung werden im folgenden Kapitel „TimeFrame" beschrieben.

„Und ich bekenne Dir, Herr, dass ich immer noch nicht weiß, was Zeit ist. Aber ich weiß, und auch das bekenne ich Dir, dass ich dies in der Zeit sage und schon lange über die Zeit rede, und dass auch dies ‚lange' nur durch die Zeitdauer lang ist. Wie aber kann ich das wissen, wenn ich doch nicht weiß, was Zeit ist? Oder weiß ich vielleicht bloß nicht, wie ich das, was ich weiß, aussprechen soll? Weh mir Armen, dass ich nicht einmal weiß, was ich nicht weiß!"[152]

6 TimeFrame

In diesem Kapitel wird ein Rahmenwerk zur Implementierung zeitbezogener Daten in betrieblichen Informationssystemen vorgestellt. Die im theoretischen Teil erarbeiteten Vorgehensweisen werden anhand von Werkzeugen vorgestellt, die den Interessierten bei der Umsetzung in der Praxis unterstützen. Die Werkzeuge sind auf eine Oracle Umgebung abgestimmt, können aber bei Bedarf auch für andere relationale und objektrelationale Datenbanksysteme adaptiert werden.

6.1 Überblick

Dieses Kapitel stellt ein *Rahmenwerk* zur Implementierung temporaler Daten in einer Oracle Systemumgebung dar. Das Rahmenwerk ist für eine vielschichtige (multi-tier[153]) Umgebung optimiert, kann jedoch auch in einer Zwei-Schichten (two-tier) Architektur angewendet werden. Durch dieses Rahmenwerk ist eine rasche Umsetzung des Faktors Zeit in operativen Systemen möglich. Dieses Kapitel kann als *Leitfaden* zur angemessenen Umsetzung zeitbezogener Daten für das DBMS Oracle dienen.

Dieses Kapitel ist folgendermaßen aufgebaut:

- Die Grundvoraussetzungen und Systemanforderungen für den Einsatz von diesem Rahmenwerk werden aufgezeigt.

---

[152] Augustinus in „Confessiones"

[153] Für eine umfassende Definition siehe z.B. [PC00] Seite 320.

- Die Architektur wird beschrieben.

- Der Einsatz in den einzelnen Entwicklungsphasen wird beschrieben.

6.2   Voraussetzungen und Anforderungen

Die Komponente Zeit in einem betrieblichen Informationssystem zu handhaben, ist eine komplexe und nicht zu unterschätzende Aufgabe. Nur allzu oft wird bei der Implementierung von temporalen Daten unstrukturiert und unsystematisch vorgegangen. Dies kann in Systemen, die an temporalen Dateninkonsistenzen leiden, enden.

Dem Entwickler, der mit der Aufgabe konfrontiert wird, temporale Informationen in ein System einzubringen, soll dies einen Leitfaden und Werkzeuge von der Analyse bis zur Implementierung geben und dabei helfen, diese Aufgabe in strukturierter und systematischer Art und Weise umzusetzen.

Dies kann den Entwickler bei folgenden Tätigkeiten unterstützen:

Einfache und strukturierte Unterstützung bei der Analyse

- Temporale Informationen sollen und können damit bereits in der Analysephase berücksichtigt werden.

- Das ER-Modell wird dadurch, dass die temporale Information in strukturierter Weise ins Modell eingebracht werden kann, dennoch nicht überladen.

- Dem Entwickler wird eine Möglichkeit geboten, mit dem Endbenutzer über den Aspekt Zeit strukturiert kommunizieren zu können.

Schnelle Umsetzung der temporalen Analyseergebnisse

- Durch die zur Verfügung stehenden Werkzeuge können die Analyseergebnisse sofort in das Design übergeleitet werden.

- Das Überleiten gewährleistet, dass den temporalen Daten im Design entsprechend Rechnung getragen wird. Durch das Werkzeug werden bereits temporale Bedingungen (constraints) angelegt.

Unabhängigkeit vom „Front End"

- Die temporalen Bedingungen und Regeln sind vom Frontend unabhängig. Diese werden direkt von der Datenbank validiert.

- Durch die Attributzeitstempelung bedarf es keiner Erweiterungen der graphischen Benutzerschnittstelle (frontends), um mit temporalen Daten zu arbeiten. Es können daher mittels konventioneller Werkzeuge temporale Applikationen erstellt werden.

Systemvoraussetzungen

Für die konkrete Umsetzung der beschriebenen Vorgehensweise kommen folgende Werkzeuge zur Anwendung:

Werkzeug	Anmerkung
Oracle Designer 6i	Modellierungs- und Entwicklungswerkzeug.
Oracle Headstart Designer 6i	Entwicklungs-Framework für Oracle Designer.
Oracle8i Enterprise Edition Release 8.1.7.0.0	Umsetzung der relationalen Teile dieser Arbeit.
Oracle9i Enterprise Edition Release 9.0.1.3.1	Umsetzung der objektrelationalen Teile dieser Arbeit.
Oracle JDeveloper 9.0.2.829	Verwendung für die Implementierung der graphischen Benutzerschnittstellen, vor allem des objektrelationalen Bereichs.
Oracle Forms 6i	Verwendung für die Implementierung der graphischen Benutzerschnittstellen, vor allem des relationalen Bereichs.
Adobe SVG Viewer 3.0 Build 76	Zur Umsetzung des bitemporalen Viewers

Tabelle 41: Systemumgebung und eingesetzte Werkzeuge

Dies umfasst die Werkzeuge zur Umsetzung des Modells RETTE in einer Oracle Umgebung. Mit der Methode und den Werkzeugen steht ein Rahmenwerk zur Verfügung, das benötigt wird, um ein rasches und effizientes Umsetzen von temporalen Daten in einer Oracle Umgebung zu gewährleisten.

Dies wurde für den Einsatz in einer *Oralce Headstart*[154] Umgebung optimiert, kann jedoch auch in anderen Oracle Architekturen eingesetzt werden.

Anforderungen an die Organisation

Jede Information, die in ein Informationssystem eingebracht werden soll, muss auch im Sinne eines Geschäftsprozesses überdacht werden. Für ein Unternehmen stellt jede Information, die erzeugt werden soll (auch wenn dies maschinell d.h. durch Messgeräte, etc. erzeugt werden kann), einen Aufwand dar. Information, wenn diese entsprechend aussagekräftig sein soll, muss auch gewartet und gepflegt werden. Dies gilt verstärkt für temporale Information. Die Anforderung ein temporales System zu erstellen, sollte im Zuge der Analyse mit dem Kunden differenzierter betrachtet werden. Dazu ist es erforderlich bereits einige Fragen im vorhinein zu klären.

- Ist dem Kunden der erhöhte Aufwand für die Pflege temporaler Daten bewusst? Jedes temporale Attribut muss als solches auch gepflegt werden.

- Hat der Applikationsbenutzer überhaupt die Möglichkeit, mit vernünftigen Aufwand an die geforderte temporale Information zu gelangen?

Konventionen, die für die Umsetzung getroffen wurden

---

[154] Für eine Beschreibung dieses Entwicklungsrahmenwerks siehe [BM01].

Dies deckt die Behandlung der *Gültigkeitszeit* ab. Die Gültigkeitszeit wird anhand von *Intervallen* abgebildet. Die Zeitunterstützung erfolgt explizit – d.h. die Zeitstempelattribute werden im ER-Modell explizit als Attribute ausgewiesen.

Anforderungen an die Entwicklungsumgebung

Dies ist primär für eine *Oracle Designer* Umgebung mit Einsatz von *Headstart* optimiert. Die entwickelten Werkzeuge entsprechen dem *Headstart* und den *CDM* (custom development method) Konventionen.

6.3   Werkzeugeinsatz in der Analyse

Durch die vorgeschlagene Vorgehensweise kann ein Werkzeug *Temporal Database Design Transformer* zur Verfügung gestellt werden. Dieses Werkzeug bedient sich der strukturierten temporalen Information, die während der Analyse eingebracht wurde, und leitet diese in ein logisches Modell über.

In [Kai00] und den vorhergehenden Kapiteln wurde detailliert die Vorgehensweise zur Erstellung von zeitbezogenen ER-Modellen beschrieben. In diesem Kapitel wird nur auf einige ergänzende Punkte eingegangen.

Für die Anwendung des Werkzeugs wird davon ausgegangen, dass die temporalen Metainformationen in *Oracle Designer* aufgezeichnet wurden. Um das ordnungsgemäße Funktionieren des *Temporal Database Design Transformers* zu gewährleisten, sollte die Information in der nachfolgend beschriebenen Form aufgezeichnet werden.

6.3.1   Aufzeichnen der temporalen Attributarten

Temporale Meta-Information auf Attribut-Ebene ist entsprechend den anderen Eigenschaften eines Attributs (z.B.: Format, Optional, Standardwert, Berechtigung, etc.) zu behandeln.

Zu Beginn der Analysephase ist das ER-Modell wie gewohnt zu erstellen. Die temporale Information wird dann systematisch bei Verfeinerungen des Modells auf Entitäts- bzw. Attributebene während der Analyse eingebracht. Dazu wird das Attribut einer temporalen Attributart zugeordnet.

Um diese Informationen im ER-Modell des *Oracle Designer* aufzuzeichen, kann folgendermaßen vorgegangen werden:

Strukturierte Anmerkungen für Attributklassen

Um die temporale Information auf Attributebene einzubringen, wird in der Eigenschaft ,Validation Rules' eine der folgenden Kennzeichnungen vorgenommen:

`<AK>ZEIT_B</AK>`	Zeitstempelattribut Beginn
`<AK>ZEIT_E</AK>`	Zeitstempelattribut Ende
`<AK>ZEIT_IWS</AK>`	Zeitabhängige Attribute im weiteren Sinn
`<AK>ZEIT_IES</AK>`	Zeitabhängige Attribute im engeren Sinn
`<AK>ZEIT_ZYKL</AK>`	Zeitabhängige zyklische Attribute

Tabelle 42: Kennzeichnung der Attributarten

User Extensibility ‚Attributklasse'

Das *Oracle Repository* – das zentrale Verzeichnis des *Oracle Designer* – enthält vordefinierte Elementtypen. Diese stehen für eigene Erweiterungen der Metastruktur des zentralen Verzeichnisses offen. „However, system-defined object types may not entirely meet your requirements. In these cases, the *Repository Administration Utility* enables you to create your own object types, which are called user-defined object types. This is user extensibility."[155]

Um die Attributart als Eigenschaft des Attributs im Designer hinzuzufügen, wurde die Spalte USER_DEFINED_PROPERTY_0 mittels *User Extensibility* angepasst. Dieses Attribut kann daher im *Repository Object Navigator* (RON) direkt erfasst werden.

Verwenden einer anderen Eigenschaft des Attributes

Es kann auch eine andere Eigenschaft zur Aufzeichnung der temporalen Attributklasse verwendet werden. Diese ist dann als Präferenz im *Temporal Database Designer* anzugeben.

Die hier vorgeschlagene bevorzugte Art der Aufzeichnung ist jedoch die strukturierte Anmerkung in der Eigenschaft ‚Validation Rules'. Je nachdem, welche Methode für das Anmerken der temporalen Attributklasse verwendet wird, muss im *Temporal Database Design Transformer* der Parameter TEMPORAL_INFORMATION gesetzt werden.

6.3.2 Aufzeichnen der Synchronitätsklassen

Für das Aufzeichnen der Synchronitätsklassen im Oracle Designer während der Analysephase gibt es mehrere Möglichkeiten. Je nachdem, welche der Möglichkeiten gewählt wird, müssen Einstellungen im *Temporal Database Transformer* vorgenommen werden.

Welche Möglichkeit der Aufzeichnung verwendet wird, hängt von den individuellen Projektanforderungen und –konventionen ab und kann auf diese entsprechend angepasst werden.

Die Möglichkeiten, die zur Verfügung stehen, sind folgende:

Strukturierte Anmerkungen für Synchronitätsklassen

---

[155] [Ora01]

Um die Information bezüglich Synchronitätsklassen auf Attributebene einzubringen, wird in der Eigenschaft ‚Validation Rules' die folgende Kennzeichnung vorgenommen:

<SK>BEZEICHNUNG</SK>   Bezeichnung   der Synchronitätsklasse

Im praktischen Einsatz ist es zweckmäßig, für Synchronitätsklassen, denen mehrere Attribute angehören, eine eigene Bezeichnung zu vergeben. Den Synchronitätsklassen können Attribute zugeordnet werden, wobei jedes Attribut nur einmal in einer Synchronitätsklasse enthalten sein kann.

Diese strukturierte Anmerkung kann in der selben Zeile eingetragen werden wie die Anmerkung für die Attributsklasse.

Jedes temporale Attribut, das keiner Synchronitätsklasse zugeordnet wurde, wird vom *Temporal Design Transformer* als seiner eigenen Synchronitätsklasse zugeordnet interpretiert und als solche in das logische Modell abgeleitet.

Beispiel: „Kürzel und Bezeichnung von Betriebsstellen[156] sollen über die Zeit erfasst werden." Eine Geschäftregel besagt, dass ein Kürzel nur einmal vergeben werden kann. Es müssen sich Kürzel und Bezeichnung immer gemeinsam ändern.

User Exensibility für Synchronitätsklassen

Eine weitere Möglichkeit das im Modell RETTE verwendete Konzept der Synchronitätsklassen abbilden zu können ist, das Metamodell des *Oracle Desinger*s um ein entsprechendes Element zu erweitern. Diesem neuen Element der „Synchronitätsklasse" können Attribute zugeordnet werden.

Eine *User Defined Association* mit der Bezeichnung ‚Synchronitätsklasse' wird in der *User Extensibility* angelegt. Diese verbindet die Elemente „Entität" und „Attribut" mit einer Kardinalität n:1.

Als Eigenschaft dieser wird `Usrx0` für die optionale Aufnahme der Bezeichnung der Synchronitätsklasse verwendet.

Verwenden einer anderen Eigenschaft des Attributes

Eine weitere Alternative zur Aufzeichnung ist die Eigenschaft ‚Sequenz' für das Kennzeichnen von temporalen Attributen, die zur selben Synchronitätsklasse gehören, zu verwenden. Erhalten zwei oder mehrere Attribute dieselbe Sequenz, so behandelt der *Temporal Database Design Transformer* diese als zur selben Synchronitätsklasse gehörend.

Die hier bevorzugte Methode zur Aufzeichnung von Synchronitätsklassen ist die der strukturierten Anmerkung.

---

[156] Der Begriff Betriebsstellen entstammt einem großen Transportunternehmen und bezeichnet z.B.: Bahnhöfe, Haltestellen, etc.

6.3.3   Aufzeichnen temporaler Bedingungen

Temporale Bedingungen, wie z.B. eine temporale Eindeutigkeitsbedingung, werden im ER-Modell als Geschäftsregel (siehe den Abschnitt zu *CDM-RuleFrame*) erfasst.

6.4   Werkzeugeinsatz im Design

6.4.1   Temporal Database Design Transformer

Der *Temporal Database Design Transformer* setzt den im Modell RETTE vorgeschlagenen Mapping-Algorithmus im Werkzeug *Oracle Designer* um. Damit können effizient aus dem temporal erweiterten ER-Modell zeitbezogene Relationen erzeugt werden.

6.4.2   Ergänzen vorhandener Modelle um temporale Aspekte

Liegt bereits ein Design ohne Zeitbezug vor, so kann der temporale Aspekt auch in dieser Phase eingebracht werden. Soll ein vorhandenes Modell um temporale Aspekte erweitert werden, so kann dieses Werkzeug ebenfalls angewendet werden. Dabei kann folgendermaßen vorgegangen werden:

Erzeugen eines ER-Diagramms (reverse engineering) aus den vorhanden Tabellen. Dies kann durch das Oracle Designer Werkzeug bewerkstelligt werden. Dabei wird eine *1:1* Übersetzung einer Tabelle zu einem Entitätstyp vorgenommen. Danach sind die temporalen Attribute, wie zuvor beschrieben zu kennzeichnen.

6.4.3   Design temporaler Bedingungen

Der *Database Design Transformer* des *Oracle Designer* leitet das ER-Modell in ein logisches Modell ab. Dabei werden nur die konventionellen Primär- und Fremd-schlüsselbedingungen berücksichtigt. Alle anderen Bedingungen (constraints) werden in einem weiteren Schritt abgeleitet. Das Erzeugen dieser Bedingungen kann auch manuell ausgelöst werden.

Hinzufügen von Temporal Rule Design Definitions

Das Hinzufügen von temporalen Bedingungen zu Relationen erfolgt konform den Standards für CDM-RuleFrame, also mittels des *Business Rule Design Definition Utilities*.

Das *Businell Rule Design Definition Utility* fügt den einzelnen Relationen vorgefertigte temporale Bedingungen hinzu.

Die vorhandenen Typen von Regeln 'Static Data Constraint', 'Dynamic Data Constraint', 'Change Event with DML', 'Change Event without DML' wurden dazu um den Typ 'Temporal Data Constraint' ergänzt.

Dabei ist für ‚**Type of Rule**' der neu angelegte Regeltyp ‚Temporal Data Constraint' auszuwählen.

Für ‚**Triggering DML Event**' ist ‚Insert', ‚Update' und ‚Delete' auszuwählen, da für alle DML Operationen eine Überprüfung vorgenommen werden soll.

Im Feld ‚**Columns for Validation**' sind z.B. für eine temporale Eindeutigkeits-bedingung die folgenden Felder auszuwählen:

-   Unique Key Felder

-   Zeitstempelattribute

-   Foreign key auf Objekttabelle

-   Surrogatschlüssel bzw. Bestandteile eines PRIMARY KEY TEMPORAL

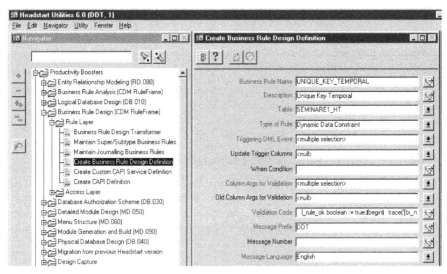

Abbildung 51: Hinzufügen einer UNIQUE KEY TEMPORAL Regel

Wird das Werkzeug ausgeführt, so wird die folgende PL/SQL Definition zur Umsetzung der Regel im zentralen Verzeichnis angelegt.

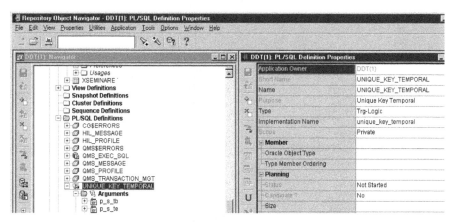

Abbildung 52: Die UNIQUE KEY TEMPORAL Regel im Repository Object Navigator

Der erzeugte Code sieht folgendermaßen aus:

```
/*********************************************************************
*
Purpose      Unique Key Temporal
Remarks

Revision History
When         Who
 Revision    What
---------------------------------------------------------------------
-
29-09-2000   RWURGLIT
 1.0         Using utility HSU_CRBR (revision 6.0.0.20)
*********************************************************************
/
    l_rule_ok boolean := true;
begin
    trace('unique_key_temporal (f)');

    -- for instructions, see the CDM RuleFrame User Guide
    l_rule_ok :=

    return l_rule_ok;
exception
    when others
    then

qms$errors.unhandled_exception(package_name||'.unique_key_temporal
(f)');
end unique_key_temporal;
```

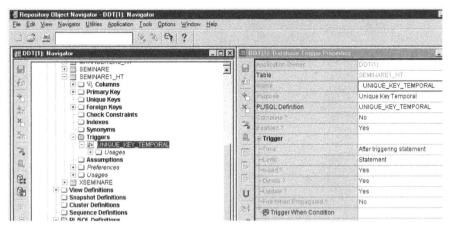

Abbildung 53: Definition des Triggers zur Validierung des UNIQUE KEY TEMPORAL

Um das Anlegen der temporalen Bedingungen zu erleichtern, stehen Werkzeuge (utilites) zur Verfügung, die ihrerseits das *Create Business Rule Design Definition* Werkzeug mit vorausgewählten Parametern aufrufen. Das im Zuge dieses Buchs entwickelte Werkzeug stellt folgende Typen von temporalen Bedingungen unter dem Punkt „Maintain Temporal Business Rules" zur Auswahl:

- Create Primary Key Temporal Design Definition
- Create Foreign Key Temporal Design Definition
- Create Unique Key Temporal Design Definition

6.5   Implementierung in der Datenschicht

Um die effiziente Umsetzung des temporalen Aspekts in das konkrete DBMS Oracle zu erleichtern, werden in diesem Abschnitt einige Konventionen und grundsätzliche Richtlinien behandelt.

Repräsentation der Domäne Zeit

Im DBMS Oracle, der Version 9*i*, wurden gegenüber frührer Versionen wesentliche Ergänzungen im Bereich von temporalen Datentypen vorgenommen[157]. Stand in vorhergehenden Versionen dieses DBMS in diesem Zusammenhang nur der Datentyp DATE zur Verfügung, so kann in der Version 9*i* aus den Datentypen TIME,

---

[157] [Rus01] Seite 3-10 ff.

TIMESTAMP, TIMESTAMP WITH TIME ZONE und TIMESTAMP WITH LOCAL TIME ZONE gewählt werden.

Datentyp	Zeitzone	Granularität in Bruchteilen von Sekunden
DATE	nein	Nein
TIMESTAMP	nein	Ja
TIMESTAMP WITH TIME ZONE	explizit	Ja
TIMESTAMP WITH LOCAL TIME ZONE	relativ	Ja

Abbildung 54: Datentypen der Domäne Zeit[158]

Der Datentyp TIMESTAMP WITH TIME ZONE ist eine Variante des Typs TIMESTAMP, der die Zeitverschiebung (time zone displacement) in seinen Wert inkludiert. Die Zeitverschiebung ist die Differenz (in Stunden und Minuten) zwischen der lokalen Zeit und der UTC[159] (coordinated universal time – oder zuvor bekannt als Greenwich Mean Time). Zwei Werte dieses Datentyps sind dann identisch, wenn diese den selben Zeitpunkt in UTC darstellen.

Im Folgenden Beispiel ist „8:00 Uhr Pazifik Standard Zeit" identisch mit „11:00 Uhr Ost Standard Zeit":

```
TIMESTAMP '1999-04-15 8:00:00 -8:00'
TIMESTAMP '1999-04-15 11:00:00 -5:00'
```

Der UTC Offset kann durch die Zeitzonenregion (TZR – time zone region) ersetzt werden:

```
TIMESTAMP '1999-04-15 8:00:00 US/Pacific'
```

Wird AT LOCAL spezifiziert, so verwendet das DBMS Oracle die Zeitzone der aktuellen Sitzung. Die Zeitzone der aktuellen Sitzung kann durch die ALTER SESSION Anweisung festgelegt werden.

Zeitzonen

Die Zeitzone für das DBMS Oracle wird durch die Umgebungsvariable ORA_SDTZ festgelegt. Ist diese Variable nicht gesetzt, so wird die Datenbank-Zeitzone auf die Zeitzone des OS (operation system) gesetzt. Ist auch diese nicht gesetzt, so wird die Datenbank-Zeitzone standardmäßig auf UTC festgelegt. Die Festlegung hat zum Zeitpunkt des Erstellens (CREATE DATABASE) oder Änderns (ALTER DATABASE) der Datenbank zu erfolgen. Die Festlegung der Zeitzone kann auf zweierlei Weise

---

[158] [Lus01] Seite 13-13

[159] UTC: „Abkürzung für englisch Universal Time Coordinated (koordinierte Weltzeit), die auf der Atomsekunde als Zeiteinheit beruhende Zeitskala, die durch bedarfsweise Einfügung von Schaltsekunden in Übereinstimmung mit der aus der Erdumdrehung abgeleiteten astronomischen Weltzeit gehalten wird." [Bor01]

erfolgen. Einerseits durch Angabe des Zeitunterschieds von der UTC im Bereich von −12:00 bis +14:00 Stunden. Andererseits durch Angabe der Zeitzonenregion.

```
CREATE DATABASE ... SET TIME_ZONE = '-05:00';
ALTER DATABASE SET TIME_ZONE = '-05:00';
```

Werte, die im Datentyp TIMESTAMP WITH LOCAL TIME ZONE gespeichert werden, werden für die Zeitzone des DBMS normalisiert. Bei Abfrage der Werte werden diese dem Benutzer in der Zeitzone der Sitzung präsentiert. Das folgende Beispiel soll dies veranschaulichen:

```
CREATE TABLE M2 (
  M#                 NUMBER(38)     NOT NULL,
  ABTEILUNG          VARCHAR2(6)    NOT NULL,
  BEGINN             TIMESTAMP WITH LOCAL TIME ZONE NOT NULL,
  ENDE               TIMESTAMP WITH LOCAL TIME ZONE NOT NULL
);
```

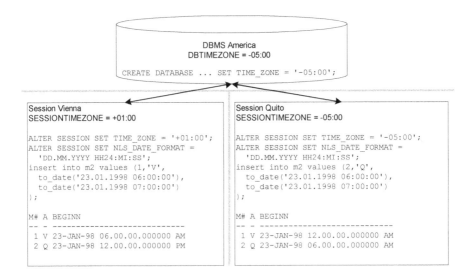

Abbildung 55: Zeitstempel mit Zeitzonen bei LOCAL TIME ZONE

Das gleiche Beispiel wie oben angeführt soll nochmals durchgeführt werden; allerdings werden die Zeitstempelattribute für dieses Beispiel als Datentypen TIME STAMP WITH TIME ZOME definiert. Bei Verwendung dieses Datentyps erfolgt keine automatische Konvertierung bei einer Anfrage, sondern die Zeitdifferenz zur UTC wird explizit ausgewiesen.

```
M# A BEGINN
```

```
-- - ----------------------------------
 1 V 23-JAN-98 06.00.00.000000 AM +01:00
 2 Q 23-JAN-98 06.00.00.000000 AM -05:00
Intervall
```

Im DBMS Oracle, ab der Version 9i, steht der neue Datentyp INTERVAL zur Verfügung. Die Datentypen TIME ZONE und INTERVAL können nach folgenden Regeln kombiniert werden:

Operand 1	Operator	Operand 2	Ergebnistyp
DATETIME	+	INTERVAL	DATETIME
DATETIME	-	INTERVAL	DATETIME
INTERVAL	+	DATETIME	DATETIME
DATETIME	-	DATETIME	INTERVAL
INTERVAL	+	INTERVAL	INTERVAL
INTERVAL	-	INTERVAL	INTERVAL
INTERVAL	*	NUMERISCH	INTERVAL
NUMERISCH	*	INTERVAL	INTERVAL
INTERVAL	/	NUMERISCH	INTERVAL

Abbildung 56: Operatoren für Zeitstempel- bzw. Intervallausdrücke[160]

```
SELECT start_time + INTERVAL '1-2' YEAR TO MONTH FROM schedule;
```

Das DBMS Oracle führt alle Zeitstempel-Arithmetiken in UTC Zeit durch. Für den Datentyp TIMESTAMP WITH LOCAL TIME ZONE wird der Wert der Datenbank-Zeitzone in UTC konvertiert und nach Durchführung zurück konvertiert. Für den Datentyp TIMESTAMP WITH TIME ZONE ist der Wert immer bereits in UTC ausgewiesen, so dass ein Konvertieren nicht notwendig ist.

Gültig bis auf weiteres

Im Umgang mit temporalen Attributen, können Situationen auftreten, in denen das Ende eines Gültigkeitsintervalls (noch) nicht bekannt ist. Ist das Ende des Gültigkeitszeitintervalls nicht bekannt, so bedeutet dies, dass der Zustand ‚gültig bis auf weiteres' ist. Bei der Umsetzung wird ‚gültig bis auf weiteres' im Modell RETTE mit dem maximal darstellbaren Datumswert[161] repräsentiert.

Dieses Vorgehen erleichtert in der Praxis, gegenüber der Umsetzung mittls Wert NULL als Repräsentation, die Erstellung temporaler Anfragen. Der Wert NULL müsste ansonsten in SQL-Anfragen im DBMS Oracle mit der Funktion nvl – die eine NULL-Wert Substitution vornimmt – mit dem maximalen Datumswert ersetzt werden.

Hier wird für die Darstellung der Ausprägung ‚gültig bis auf weiteres' der Datumswert ‚31.12.9999' vorgeschlagen. Wird eine andere Repräsentation für diesen Wert gewählt, so muss dies bei der Erstellung der temporalen Bedingungen entsprechend berücksichtigt werden.

---

[160] siehe [Lor01] Seite 2-23

[161] siehe [Kai00] Seite 129

Bei Verwendung des Ansatzes, mit dem maximalen Datumswert, ist darauf zu achten, dass dieser ‚sprechende' Datumswert nur intern in Anwendungen zur Verwendung gelangt. Werden Listen aus einem solchen System produziert, die das Datum 31.12.9999 nicht substituieren, kann dies zu Missverständnissen bei den Endanwendern führen. Wird ein solches Gültigkeitsintervall einer Personen präsentiert, welche mit dem System nicht vertraut sind, stehen diese Ausdrucken wie z.B. „Miete von 600,- Euro gültig von 1.1.2000 bis 31.12.9999" fragwürdig gegenüber.

Intervall

TimeFrame unterstützt entsprechend dem Modell RETTE standardmäßig geschlossene Intervalle für den Bereich der Gültigkeitszeit[162].

Darstellung	Regel		Bezeichnung
$[T_B, T_E]$	$x: T_B <= x <= T_E$	O———O	geschlossenes Intervall
(T_B, T_E)	$x: T_B < x < T_E$	)———(	offenes Intervall
$[T_B, T_E)$	$x: T_B <= x < T_E$	O———(	rechts-offenes Intervall
$(T_B, T_E]$	$x: T_B < x <= T_E$	O———(	links-offenes Intervall

Tabelle 43: Arten von Intervallen[163]

6.6   Umsetzung   der   Prüfung   temporaler Bedingungen

6.6.1   Granularität

Die Zeit wird im Sinne dieses Buchs als Folge diskreter Zeiteinheiten verstanden. Unter der Granularität versteht man diejenige Zeiteinheit, die in einer konkreten Realität verwendet wird. Im relationalen DBMS Oracle kann für Attribute, die auf der Domäne Zeit beruhen, keine Granularität angeführt werden. Daher empfiehlt sich, zur Einhaltung der gewünschten Granularität Bedingungen (constraints) zur Überprüfung anzuwenden.

Im DBMS Oracle stehen in der Version 9*i* zwei Datentypen für die Domäne Zeit zur Verfügung: DATE und TIMESTAMP.

---

[162] Siehe dazu [Kai00], Seite 77. Dies entspricht auch den Konventionen des Standardsoftwareprodukts Oracle Applications und gliedert sich somit nahtlos in vorhandene Systemumgebungen ein. Im Gegensatz dazu werden in [Sno00] rechts-offene (closed-open) Repräsentationen bevorzugt.

[163] siehe [Kai00] Seite 44

Die Granularität des Datentyps DATE ist standardmäßig mit einer Sekunde festgelegt. In diesem Datentyp wird Datum und Uhrzeit gespeichert. Um die Granularität z.B. auf „Tag" festzulegen, kann dies mittels folgender Anweisungen (für das angegebene Beispiel) durchgeführt werden:

```
ALTER   TABLE   MITARBEITER_OBJTAB   ADD   (CONSTRAINT   M_CK2   CHECK
(trunc(BEGINN) = BEGINN));


ALTER   TABLE   MITARBEITER_OBJTAB   ADD   (CONSTRAINT   M_CK3   CHECK
(trunc(ENDE) = ENDE));
```

Der Funktion trunc kann die jeweilige Granularität als Option übergeben werden[164]. Das Standardformat DD versieht den Wert des Tages mit dem Zeitwert von Mitternacht[165].

```
ALTER   TABLE   MITARBEITER_OBJTAB   ADD   (CONSTRAINT   M_CK3   CHECK
(trunc(ENDE, 'YEAR') = ENDE));
```

Granularität	Anweisung	Ausgabe
Jahr	select trunc(SYSDATE, 'YEAR') from dual	01.01.2002 00:00:00
Monat	select trunc(SYSDATE, 'MONTH') from dual	01.10.2002 00:00:00
Tag	select trunc(SYSDATE, 'DD') from dual	26.10.2002 00:00:00
	select trunc(SYSDATE) from dual	26.10.2002 00:00:00
Stunde	select trunc(SYSDATE, 'HH24') from dual	26.10.2002 12:00:00
Minute	select trunc(SYSDATE, 'MI') from dual	26.10.2002 12:34:00
Sekunde	select trunc(SYSDATE, 'SS') from dual	Nicht unterstützt, da dies dem Datenyp DATE ohne trunc Operation entspricht.
	select SYSDATE from dual UNION	26.10.2002 12:34:18

Tabelle 44: Granularitäten

Der Datentyp TIMESTAMP ermöglicht eine differenziertere Umsetzung eines Attributs der Domäne Zeit. Mittels dieses Datentyps ist es möglich, im DBMS Oracle auch Bruchteile von Sekunden und Zeitzoneninformation aufzuzeichnen. Daten des Typs TIME und TIMESTAMP können auch durch den Datentyp DATE ausgedrückt werden (mit der kleinsten Granularität einer Sekunde).

---

[164] siehe [Lor01] Seite 6-185

[165] Das DBMS Oracle verwendet für Zeitangaben das im Militärumfeld gebräuchliche Format für Mitternacht, d.h. 00:00 Uhr - 24:00 Uhr existiert in dieser Domäne nicht.

Granularität	Anweisung	Ausgabe
Zehntel Sekunde	select SYSTIMESTAMP from dual	26.10.2002 12:34:18.000000 PM +02:00

Tabelle 45: Granularität eines TIMESTAMP

6.6.2   Primary Key Temporal

Die Validierungsvorschrift des „Primary Key Temporal" besteht aus der Zusammenfassung mehrerer Teilregeln. Um dem Benutzer eine aussagekräftige Rückmeldung bei Erfassungsfehlern zu bieten, wird die im Modell RETTE vorgeschlagene Überprüfung in seine Einzelteile zerlegt und als Geschäftsregel implementiert.

Die Bedingungen eines konventionellen Primärschlüssels sind folgende:

Bezeichnung	Anmerkung
Eindeutig	Der Wert einer Spalte muss innerhalb dieser eindeutig sein.
Nicht Leer	Der einzufügende Wert darf nicht leer sein.

Tabelle 46: Bedingungen des konventionellen Primärschlüssels

Die Funktion zur Überprüfung der Eindeutigkeit hat als Parameter den Wert, der neu eingefügt werden soll, zu beinhalten:

Für die Bedingung des PRIMARY KEY TEMPORAL werden die oben angeführten Bedingungen „Eindeutig" und „nicht leer" um folgende erweitert.

Bezeichnung	Anmerkung
gültiges Intervall	Das Wert des Zeitstempelattributs ‚gültig von' hat kleiner zu sein als das Attributs ‚gültig bis'
Überlappungsfrei	Zu überprüfen ist, ob ein Datensatz bereits in diesem Intervall liegt.

Tabelle 47: zusätzliche Bedingungen

Im Folgenden ist ein Beispiel eines Primary Key Temporal dargestellt:

```
set serveroutput on size 1000000
DECLARE
  ok char(5);

  -- Diese Funktion wird in einem Pre-Insert/Pre-Update Trigger
aufgerufen.
  FUNCTION M_PK_UNIQUE(M_M# number, M_ABT# number)
  RETURN CHAR
  IS
    x char(5);

    cursor c_M(cpn_M_M# number, cpn_M_ABT# number) is
    select 'FALSE'
    from MITARBEITER
    where M_M# = cpn_M_M#
```

```
    and M_ABT# = cpn_M_ABT#
    ;
  BEGIN
    open c_M(M_M#, M_ABT#);
      fetch c_M into x;
    close c_M;

    return nvl(x, 'TRUE');
  END;

  FUNCTION M_PK_NOT_NULL(M_M# number, M_ABT# number)
  RETURN CHAR
  IS
    x char(5);
  BEGIN
    if (M_M# is NOT NULL and
        M_ABT# is NOT NULL) then
      x := 'TRUE';
    else
      x := 'FALSE';
    end if;

    return x;
  END;

  FUNCTION M_PK_INTERVAL(TB date, TE date)
  RETURN CHAR
  IS
    x char(5);
  BEGIN
    if (TB <= TE) then
      x := 'TRUE';
    else
      x := 'FALSE';
    end if;

    return x;
  END;

  FUNCTION M_PK_DISJUNCT(M_M# number, M_ABT# number, M_TB date, M_TE
date)
  RETURN CHAR
  IS
    x char(5);

    cursor c_M(cpn_M_M# number, cpn_M_ABT# number, cpd_M_TB date,
cpd_M_TE date) is
    select 'FALSE' -- Es existiert einer in diesem Zeitraum
    from MITARBEITER
    where M_M# = cpn_M_M#
    and M_ABT# = cpn_M_ABT#
    and M_TB <> cpd_M_TB
    and M_TB <= cpd_M_TE
    and cpd_M_TB <= M_TE
    ;
  BEGIN
    open c_M(M_M#, M_ABT#, M_TB, M_TE);
      fetch c_M into x;
```

```
    close c_M;

    return nvl(x, 'TRUE');
  END;

BEGIN
  -- Simuliere den Trigger
  ok := M_PK_NOT_NULL(1, 1);
  dbms_output.put_line('Werte sind nicht leer: '||ok);

  ok := M_PK_UNIQUE(1, 1);
  dbms_output.put_line('Werte sind noch nicht vohanden: '||ok);

  ok       :=       M_PK_INTERVAL(to_date('01.01.2000','DD.MM.YYYY'),
  to_date('31.12.2000','DD.MM.YYYY'));
  dbms_output.put_line('Korrektes Intervall: '||ok);

  ok       :=       M_PK_DISJUNCT(1,1,to_date('01.01.2000','DD.MM.YYYY'),
  to_date('10.11.2000','DD.MM.YYYY'));
  dbms_output.put_line('Überlappungsfrei: '||ok);

END;
/
```

Wird die Prüfung wie im obigen Beispiel hintereinander ausgeführt, werden bei der Eindeutigkeitsprüfung und bei der Überschneidungsprüfung jeweils alle Datensätze berücksichtigt. Wird die Prüfung in einer einzigen SQL-Anweisung geschrieben, so werden die Prüfungen je nach Reihenfolge einschränkend abgearbeitet. Erfüllt ein Datensatz die erste Prüfung nicht, so wird für diesen auch keine weitere Prüfung durchgeführt. Für große Datenmengen kann dies unter Umständen einen Gewinn für die Abarbeitungszeit bringen.

Implementierung mittels CDM-RuleFrame

Die im Design erzeugten temporalen Bedingungen werden anhand von zwei gespeicherten Programmpaketen (stored packages) in der Datenbank implementiert.

- CAPI – Custom API

- TAPI – Table API

Für nähere Informationen zum Thema CAPI bzw. TAPI wird auf die *CDM-RuleFrame* bzw. *Oracle Designer* Dokumentation verwiesen. Hier werden nur die TimeFrame spezifischen Punkte der Implementierung beschrieben.

6.6.3 Foreign Key Temporal

Ein temporaler Fremdschlüssel wird als „inter-Entity Rule" angelegt. Die Geschäftsregel muss auf beiden Seiten überprüft werden. Trigger für den „Foreign Key Temporal" werden für die beiden betroffenen Tabellen angelegt.

Zeitverschiebungen betreffen die referenzierte Tabelle besonders. Die Geschäftsregel (Trigger) wird in der referenzierten Tabelle für Änderungs- und Löschoperationen definiert. Auf der referenzierenden Tabelle wird die Geschäftsregel (Trigger) für Einfüge- und Änderungsoperationen konfiguriert.

6.6.4 Implementierung ohne CDM RuleFrame

CDM-RuleFrame bietet die Möglichkeit, Geschäftsregeln strukturiert als Geschäfts-regelschicht in der Datenbank zu implementieren. Dazu wird auch ein Transaktionskonzept zur Verfügung gestellt. Kann *CDM-RuleFrame* nicht verwendet werden, so werden hier einige Überlegungen aufgezeigt, wie TimeFrame dennoch für die Umsetzung von Applikationen verwendet werden kann.

Um die temporalen Bedingungen überprüfen zu können werden Trigger angelegt.

Bedingung	Trigger	Anmerkung
`PRIMARY KEY TEMPORAL`	`<Table>_PKT`	
`FOREIGN KEY TEMPORAL`	`<Table>_<Table>_FKT`	
`UNIQUE TEMPORAL`	`<Table>_<Column>_UT`	
`MANDATORY TEMPORAL`	`<Table>_<Column>_MT`	

Tabelle 48: Bedingungen und Bezeichnungen der Trigger

Validierung der temporalen Entitätsintegrität

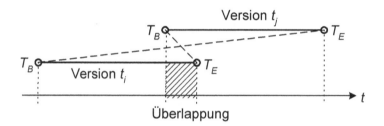

Tabelle 49: Validierung der temporalen Entitätsintegrität

$$\left[t_i(T_E) < t_j(T_B) \right] und \left[t_i(T_B) > t_j(T_E) \right]$$

Validierung der temporalen referentiellen Integrität

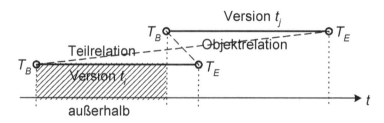

Abbildung 57: Validierung der temporalen referenziellen Integrität

$$\left[t_i(T_B) <= t_j(T_B) \right] und \left[t_i(T_E) >= t_j(T_E) \right]$$

Kürzel	Beschreibung
Version t_i	aktuelle Version
Version t_j	neu einzufügende Version
T_B	Zeitstempelattribut Beginn
T_E	Zeitstempelattribut Ende

Trigger für Sequenced Primary Key

Dieser Trigger ist als Post-Insert Trigger ausgestaltet und prüft die gesamte Tabelle auf Gültigkeit. Dabei wird jeder Datensatz mit jedem verglichen. Diese Vorgehensweise kann zu Problemen im Laufzeitverhalten führen.

```
-- -----------------------------------------------
-- USING SQL TO DEVELOP TIME ORIENTED APPLICATIONS
-- By : Richard T. Snodgrass
-- -----------------------------------------------
--
-- Sequenced Primary Key for INCUMBENTS (closed-time)
-- INCUMBENTS is temporal
-- By   : Bruce C. Huang
-- Date : Dec. 12, 1997
--
-- Note:  There can only be 1 UPDATE/INSERT trigger
--        for table INCUMBENTS.  So future triggers
--        involving INCUMBENTS must be either
--        merged with this one or replaced.
-- -----------------------------------------------
REM
REM Code Fragment 5.5 in Oracle 7.3
REM There is no ASSERTIONS in Oracle 7.3, only Triggers.
REM
CREATE OR REPLACE TRIGGER seq_primary_key
AFTER INSERT or UPDATE on INCUMBENTS
DECLARE
   valid              INTEGER;
BEGIN
   SELECT 1 INTO valid FROM DUAL
   WHERE
   NOT EXISTS(
     SELECT I1.SSN
     FROM   INCUMBENTS I1 , INCUMBENTS I2
     WHERE  I1.SSN = I2.SSN
     AND I1.PCN = I2.PCN
     AND I1.START_DATE <= I2.END_DATE
     AND I2.START_DATE <= I1.END_DATE
     AND I1.ROWID != I2.ROWID )
   AND
   NOT EXISTS(
     SELECT *
     FROM  INCUMBENTS I1
     WHERE I1.SSN IS NULL OR I1.PCN IS NULL );

  -- If this SELECT succeeds w/o raising the NO_DATA_FOUND exception,
```

```
--      then this insert/update does not have an overlap period for a
SSN
--      and PCN.

   EXCEPTION
      WHEN NO_DATA_FOUND THEN
         RAISE_APPLICATION_ERROR ( -20001 ,
                              'SSN and PCN are sequenced primary
keys' );
            -- Abort the offending transaction, and
            --    rollback to a consistent state.

END;
/
```

Primary Key Temporal

Die im Modell RETTE vorgeschlagene Formulierung berücksichtigt die Werte des einzufügenden Satzes – d.h. der neu einzufügende Satz muss nur einmal mit jedem Satz der Tabelle verglichen werden. Der Nachteil dieser Prüfung besteht beim Neuanlegen eines auf diese Weise ausformulierten PRIMARY KEY TEMPORAL. Es muss sichergestellt werden, dass die evtl. bereits vorhandenen Datensätze ebenfalls geprüft werden.

Sequenced Foreign Key

Genauso wie es Unterschiede in der Implementierung der Primärschlüssel gibt, existieren diese auch bei der Umsetzung der temporalen Fremdschlüssel. Die in [Sno00] vorgeschlagene Variante überprüft bei jedem Auslösen des Trigger die gesamte Tabelle. Die im Appendix angeführte Umsetzung des RETTE Modells prüft nur die Werte, die in der auslösenden Transaktion eingefügt werden sollen.

Das Auswahlkriterium ist folgendermaßen aufgebaut:

Wähle jene Sätze für die kein Satz im entsprechenden Zeitraum in der verbundenen Tabelle existiert. D.h. der referenzierte Satz muss innerhalb des referenzierenden liegen.

```
-- -----------------------------------------------
-- USING SQL TO DEVELOP TIME ORIENTED APPLICATIONS
-- By : Richard T. Snodgrass
-- -----------------------------------------------
--
-- Sequential Referential Integrity (Version 2)
-- INCUMBENTS and POSITIONS are temporal
-- By     : Bruce C. Huang
-- Date : Dec. 12, 1997
--
-- There can only be 1 INSERT/UPDATE trigger for
-- table INCUMBENTS.
-- -----------------------------------------------
REM
REM Code Fragment 5.16 in Oracle 7.3
REM There is no ASSERTIONS in Oracle 7.3, only Triggers.
```

```
REM
CREATE OR REPLACE TRIGGER seq_ref_integrity
AFTER INSERT or UPDATE on INCUMBENTS
DECLARE
   valid             INTEGER;
BEGIN
   SELECT 1 INTO valid FROM DUAL
   WHERE  NOT EXISTS(
      SELECT *
      FROM   INCUMBENTS I
      WHERE
      NOT EXISTS(
         SELECT *
         FROM  POSITIONS P
         WHERE I.PCN = P.PCN
         AND P.START_DATE <= I.START_DATE
         AND I.START_DATE < P.END_DATE
      ) OR NOT EXISTS(
         SELECT *
         FROM  POSITIONS P
         WHERE I.PCN = P.PCN
         AND P.START_DATE < I.END_DATE
         AND I.END_DATE <= P.END_DATE
      )
   );
   -- If this SELECT succeeds w/o raising the NO_DATA_FOUND exception,
   --   then this insert/update ensures that this incumbent's PCN
   --   is valid for the period in the POSITIONS table.  The validity
   --   of the POSITIONS table was enfored in the trigger from code
   --   fragment 5.15

   EXCEPTION
      WHEN NO_DATA_FOUND THEN
         RAISE_APPLICATION_ERROR ( -20001 ,
                                'Sequenced    Positions    Referential
Violated' );
         -- Abort the offending transaction, and
         --    rollback to a consistent state.
END;
/
```

Dynamisches SQL[166]

Um temporale Bedingungen für Tabellen anzulegen, die manuell im Sinne der Methode RETTE abgeleitet wurden, kann folgender Aufruf getätigt werden, um z.B. einen „Primary Key Temporal" für eine temporale Tabelle zu implementieren.

```
                     ADD_TEMPORAL_CONSTRAINT('MITARBEITER',
                     'M_PK_T',
                        'PRIMARY    KEY    TEMPORAL',    'M_M#,
                     M_ABT#', 'M_TB', 'M_TE');
```

Die Überprüfung gilt für Einfüge- und Änderungsoperationen.

```
TIME_ADMIN.ADD_PRIMARY_KEY_TEMPORAL
```

---

[166] Eine Beispielimplementierung ist im Appendix „generisches temporales Package" angeführt.

```
TIME_ADMIN.ADD_UNIQUE_KEY_TEMPORAL
TIME_ADMIN.ADD_FOREIGN_KEY_TEMPORAL
TIME_ADMIN.SET_MANDATORY_TEMPORAL
```

```
Temporal.IS_VALID_PRIMARY_KEY_TEMPORAL
```

Erweitern des Data Dictionaries

Um das Modell RETTE auch ohne dem Werkzeug Oracle Designer für eine effiziente Entwicklung zugänglich zu machen, wurde im Zuge dieses Buchs ein eigenständiges generierendes Werkzeug entwickelt, welches nach Angabe der Tabellenbezeichnung und der temporalen Parameter die für die Validierung notwendigen Programmteile direkt im DBMS Oracle erzeugt.

Der Aufruf zum Anlegen eines 'Primary Key Temporal' bleibt derselbe. Es wird nun jedoch kein statisches Programmpaket in der Datenbank erzeugt, sondern ein Trigger, der eine dynamische Funktion aufruft. Die Metatabellen stellen sicher, dass es zu keinen Inkonsistenzen im Modell kommt.

```
ADD_TEMPORAL_CONSTRAINT('MITARBEITER', 'M_PK_T',
  'PRIMARY KEY TEMPORAL', 'M_M#, M_ABT#', 'M_TB', 'M_TE');
```

Transaktionszeit

In bitemporalen Systemen wird die Transaktionszeit auch für „Snapshot" Anfragen herangezogen. Eine solche Anfrage kann folgendermaßen aussehen: „In welcher Abteilung war der Mitarbeiter Huber nach dem Wissensstand des Systems gestern 00:00 Uhr tätig?"

In einer solchen Anfrage würde die Transaktionszeit als einschränkende Bedingung herangezogen, um aus den historischen Einträgen denjenigen zu ermitteln, der in dem Beispiel gestern um 00:00 Uhr Gültigkeit hatte.

Wird unterstellt, dass es dem Datenbankmanagementsystem nur möglich ist, seriell Transaktionen auszuführen und pro Transaktion nicht mehr als die kleinstmögliche Granularität, die für Aufzeichnungen der Transaktionszeit herangezogen wird, so könnte mit einer eindeutigen „Antwort" gerechnet werden.

Kommerzielle Datenbankmanagementsysteme und im speziellen das DBMS Oracle sind in der Lage Transaktionen zu parallelisieren. D.h., dass mehrere Rechner bzw. Prozessoren an einer Transaktion beteiligt sind. Dies kann bei Durchführung der Operation zu Zeitstempelwerten führen, die nur einen Bruchteil eines Prozessortakts auseinanderliegen. Dieses Problem kommt klar zum Vorschein, wenn die Erfassungen automatisiert erfolgen (z.B.: Antragsformulare werden mittels Scanner ins System eingebracht; unregelmäßige Aufzeichnung von hochfrequenten Messdaten; etc.).

Die Zeitstempelattribute sind auf der Domäne Zeit definiert, die in kommerziellen Systemen, je nach Hersteller, zumeist im Bereich von Sekunden oder Millisekunden, liegt. Durch diesen Granularitätsunterschied entsteht ein schwerwiegendes Problem für die Implementierung und den praktischen Einsatz dieses Modells.

Eine mögliche Lösung zur Umgehung dieses Problems ist es, parallele Transaktionen nicht zuzulassen und die Domäne Zeit der Transaktionszeitstempel in der Granularität des Prozessors zu definieren. Dies scheitert für den praktischen Einsatz jedoch dann, wenn die Transaktionszeit in dieser Granularität nur sehr umständlich oder gar nicht zur Verfügung steht. Der Datentyp DATE des DBMS Oracle konnte nur bis zur Granularität Sekunde definiert werden. Dies hat sich mit der Version 9*i* des DBMS hingegen geändert: „Use the TIMESTAMP datatype to store precise values, down to fractional seconds. For example, an application that must decide which of two events occurred first might use TIMESTAMP."[167] Dabei kann eine Sekunde auf neun Stellen genau angegeben werden – d.h. auf eine „Milliardstel" Sekunde.

Eine weitere Möglichkeit wäre, dem Zeitstempel ein weiteres Attribut hinzuzufügen, welches eine Sequenz der durchgeführten Transaktion aufnimmt, um zumindest eine Reihenfolge ermitteln zu können. Der Nachteil dabei ist, dass diese Lösung zwar für „current" Operationen zufriedenstellend arbeitet, nicht jedoch für „sequenced" Anfragen an das System. Ein weiteres denkbares Szenario wäre die Transaktionszeit zu „fälschen". Wird versucht einen Datensatz mit der gleichen Systemzeit (im Sinne der Granularität des DBMS) einzufügen, so wird dies vom System nicht zurückgewiesen, sondern auf den nächstmöglichen Zeitpunkt (Chronon) gesetzt.

All die angeführten Lösungen bleiben im Sinne von nicht „theoriekonform" unbefriedigend. Wie das Problem der scheinbar *„parallelen Systemzeiten"* gelöst werden kann, mag weiterführenden Arbeiten vorbehalten bleiben.

Transaktionszeit und Sommerzeit

Die *Sommerzeit*[168], bezeichnet die gegenüber der jeweiligen Zonenzeit um meist eine Stunde vorverlegte Uhrzeit. „Der Unterschied zwischen der MEZ (Mitteleuropäische Zeit) bzw. MESZ (Mitteleuropäischen Sommerzeit) und der *koordinierten Weltzeit*[169] (UTC; Coordinated Universal Time) beträgt MEZ = UTC + 1 Stunde bzw. MESZ = UTC + 2 Stunden."[170]

Wird die Transaktionszeit während der Rückstellung der *Sommerzeit* (daylight saving time) aufgezeichnet, könnte es zu Redundanzen kommen. Da es sich bei diesem

---

[167] [Rus01] Seite3-10

[168] „Die jeweils aktuelle Verordnung legt fest, wann die mitteleuropäische Sommerzeit beginnt bzw. endet. Danach beginnt die Sommerzeit jährlich am letzten Sonntag des Monats März und endet am letzten Sonntag des Monats Oktober." [Bro01]

[169] Weltzeit: „Abkürzung WZ (englisch Universal Time, Abkürzung UT), mittlere Sonnenzeit für den Nullmeridian (Greenwich), gezählt von Mitternacht an; im internationalen Verkehr auch Greenwich Mean Time (Abkürzung GMT) genannt. Bis Anfang 1972 bildete die Weltzeit die Grundlage der Zonenzeiten (Zeit), die seither aus der koordinierten Weltzeit (UTC) hergeleitet werden." [Bro01]

[170] [Bro01] Stichwort: Sommerzeit

Problem um ein zumeist praxisbezogenes handelt, ist in der Literatur zu temporalen Datenbanken nur wenig dazu enthalten.

Um diese Inkonsistenzen, die während der Umstellung eines Systems entstehen , zu vermeiden, werden IT-Systeme in der Praxis oft während der redundanten Stunde eingestellt oder für den Zugang gesperrt.

Insbesondere bei Transaktionen im Geldverkehr (Bankomat, Überweisungen, etc.), die zumeist mit einem Zeitstempel versehen sind, kann dies zu Problemen führen.

Inhaltliche Inkonsistenzen über mehrere Systeme hinweg

Für konkrete Anwendungen, wie z.B. im Bereich der Fremdwährungskurse stellen diese Inkonsistenzen ein gravierendes inhaltliches Problem dar.

In [DGM01] wird dieses Problem und ein möglicher Lösungsansatz bei Auswertungen von hochfrequenten Daten wie folgt beschrieben: „... Another problem comes from the fact that daylight saving time is not observed in Japan while it is in Europe and in the United States. This changes the significance of certain hours of the day in winter and in summer when they are expressed in GMT. An alternative here would be to separate the analysis according to the winter and summer seasons."

Bei Vergleichen über mehrere Jahrzehnte wird zur „Korrektur" eine explizite Aufzeichnung benötigt, in welchem Zeitraum für welches Land die Umstellung auf Sommerzeit gilt.

Dass weder die *Zonenzeit* noch die *Sommerzeit* naturwissenschaftliche Konstanten sind, sondern vielmehr in internationalen Abkommen und staatlichen Gesetzen geregelte Normen, zeigt auch das folgende Beispiel:

„In Deutschland galt die Sommerzeit bereits während der Jahre 1916-1918 und 1940-1949; 1947 galt sogar eine Hochsommerzeit, bei der die Uhr um 2 Stunden vorgestellt wurde. Erneut eingeführt wurde die Sommerzeit dann wieder 1980."[171]

---

[171] [Bro01] Stichwort: Sommerzeit

DATETIME	Gültiger Wertebereich
YEAR	-4712 bis 9999 (ausschließlich des Jahres 0)
MONTH	01 bis 12
DAY	01 bis 31 (limitiert durch den Wert des Monats und Jahres, entsprechend den aktuellen NLS Kalender Einstellungen)
HOUR	00 bis 23
MINUTE	00 bis 59
SECOND	00 bis 59.9(n), wobei "9(n)" die Genauigkeit der Sekunden in Bruchteilen darstellt.
TIMEZONE_HOUR	-12 bis 13 (Diese Bandbreite stellt Platz für Anpassungen an die Sommerzeit zur Verfügung)
TIMEZONE_MINUTE	00 bis 59

Tabelle 50: Elemente der DATETIME

Mittels der Anweisungen DBTIMEZONE und SESSIONTIMEZONE ist es möglich, die Zeitzone der Datenbank und der Sitzung abzufragen.

```
select DBTIMEZONE, SESSIONTIMEZONE from dual;

DBTIME   SESSIONTIMEZONE
------   ---------------
-05:00       +01:00
```

Sommerzeit und das DBMS Oracle

Das DBMS Oracle bestimmt automatisch für eine angegebene *Zeitzonenregion* (time zone region), ob eine Sommerzeitregelung derzeit in Kraft ist, und gibt die Werte basierend auf lokaler Zeit zurück. Der „datetime" Wert ist für das DBMS Oracle ausreichend, um festzustellen, ob die Sommerzeit für eine angegebene Region mit Ausnahme der Grenzfälle (boundary cases) in Kraft ist. Ein *Grenzfall* tritt in dem Zeitraum des Wechselns auf die Sommerzeit auf. Zum Beispiel, wenn in der US-Pazifik Region auf Sommerzeit gewechselt wird, wechselt die Zeit von 2:00 Uhr auf 3:00 Uhr. Die eine Stunde zwischen zwei und drei Uhr existiert in diesem Fall nicht. Wenn von der Sommerzeit zurückgewechselt wird die Zeit, also, wenn von 2:00 auf 1:00 Uhr zurückgestellt wird, wiederholt sich die eine Stunde zwischen eins und zwei.

Um die Probleme, die mit der Sommerzeit verbunden sind, zu umgehen, sieht das DBMS Oracle Folgendes vor: "To eliminate the ambiguity of *boundary cases* when the daylight savings time switches, use both the TZR (*time zone region*) and a corresponding TZD (time zone region with daylight saving information) format element."[172]

TZR repräsentiert die Zeitzonenregion (time zone region) in DATETIME Eingabe-Zeichenfolgen. Beispiele hierfür sind: Australia/North, UTC, und Singapore. TZD repräsentiert die abgekürzte Form der Zeitzonenregion mit Sommerzeit Information.

---

[172] [Lor01] Seite 2-21; die Datentypen zur Umsetzung dessen stehen erst seit der Version 9i zur Verfügung.

PST steht zum Beispiel für die US/Pazifik Standardzeit und PDT für die US/Pazifik Sommerzeit.

Der Parameter ERROR_ON_OVERLAP_TIME bestimmt, wie das DBMS Oracle mit nicht eindeutigen Grenzwerten – das ist dann der Fall, wenn es nicht klar ist, ob das „datetime" in Standardzeit oder Sommerzeit angegeben ist - umgehen soll.

```
ALTER SESSION SET ERROR_ON_OVERLAP_TIME = TRUE;
```

In der Systemtabelle V$TIMEZONE_NAMES sind die vorkonfigurierten Bezeichnungen und Kürzel für Zeitzonen verzeichnet.

```
select tz.TZNAME, tz.TZABBREV from V$TIMEZONE_NAMES tz;

TZNAME             TZABBREV
---------------    --------
Europe/Dublin      LMT
Europe/Dublin      DMT
Europe/Dublin      IST
Europe/Dublin      GMT
Europe/Dublin      BST
Europe/Istanbul    LMT
Europe/Istanbul    IMT
Europe/Istanbul    EET
Europe/Istanbul    EEST
Europe/Istanbul    TRST
Europe/Istanbul    TRT

select  to_char(SYSTIMESTAMP,  'HH:MI:SS.FFTZH:TZM')  SYSTEMZEIT  from
dual;

SYSTEMZEIT
-----------------------
02:22:37.000001+01:00
```

Die Funktion NEW_TIME gibt Datum und Uhrzeit konvertiert von einer zu einer anderen Zeitzone zurück. Als Zeitzonen können die folgenden Kürzel verwendet werden:

Kürzel	Beschreibung
AST, ADT	Atlantic Standard or Daylight Time
BST, BDT	Bering Standard or Daylight Time
CST, CDT	Central Standard or Daylight Time
EST, EDT	Eastern Standard or Daylight Time
GMT	Greenwich Mean Time
HST, HDT	Alaska-Hawaii Standard Time or Daylight Time.
MST, MDT	Mountain Standard or Daylight Time
NST	Newfoundland Standard Time
PST, PDT	Pacific Standard or Daylight Time
YST, YDT	Yukon Standard or Daylight Time

Tabelle 51: Zeitzonen

```
SELECT
```

```
to_date('11-10-99 01:23:45', 'MM-DD-YY HH24:MI:SS') "Original ",
new_time(to_date('11-10-99   01:23:45',   'MM-DD-YY   HH24:MI:SS'),
'AST', 'PST') "New "
FROM DUAL;


Original               New
------------------- -------------------
10-NOV-2099 01:23:45 09-NOV-2099 21:23:45
```

6.7   Schemaarchitektur

Für die Überlegungen bei der Implementierung des logischen Modells in ein physisches Modell eines konkreten DBMS in der „Realwelt" ist der Aspekt des Laufzeitverhaltens mit einzubeziehen.

Für das Unternehmen ist nicht nur die Behandlung der Zeit innerhalb des Informationssystems wichtig, sondern auch das entsprechende Antwortzeitverhalten, um rechtzeitig, zu betrieblichen Informationen zu gelangen. In logischen Modellen wird oft von „unendlich" schnellen Komponenten ausgegangen, und erst die Umsetzung in ein physisches Modell wird zeigen, ob der Ansatz für den betrieblichen Einsatz ein gangbarer ist. Die Restriktionen liegen vor allem in

- Netzwerkkomponenten,

- Speicherzugriffen,

- Festplattenzugriffen und

- Rechenoperationsleistungen.

In [Wei99] Seite 139 ff. ist dies zur Veranschaulichung der Notwenigkeit von Indizes folgendermaßen treffend formuliert: „For example, a 25-MIPS machine allegedly executes 25 million instructions per second. That is pretty fast, mainly because the speed depends largely on the time it takes to spin the disk and to move a disk head. Many disks spin at 3600 RPM ... Thus in 1 min, it makes 3600 revolutions; hence, one revolution occurs in 1/60 of a second, or 16.7 ms. ... What we have is 25 million instructions equal to 120 disk access. ... One disk access is worth about 200000 instructions. Of course, everything here is a rough calculation, but the relative speeds are pretty clear. Disk accesses are incredibly expensive. Furthermore, processor speeds are increasing at a much faster rate than disk speed (it is disk sizes that are increasing quite quickly). So we are willing to do lots of calculations just to save a disk access. In almost all cases, it is the number of disk accesses that will dominate the running time. Thus, if we halve the number of disk accesses, the running time will also halve."

In diesem Kapitel werden speziell solche leistungssteigernden Gestaltungs-möglichkeiten behandelt, durch welche die zuvor beschriebene Umsetzung in ihrem Konzept nicht geändert wird. Die hier angeführte Möglichkeit der Verbesserung des Laufzeitverhaltens bezieht sich zwar in erster Linie auf das relationale Modell, ist aber analog auch auf das objektrelationale Schema anzuwenden. Dies ist deshalb möglich, weil für die Persistenz der Objekte ebenfalls „Tabellen" herangezogen werden.

Nachfolgend werden Techniken zur Erzielung eines zufriedenstellenden Laufzeitverhaltes für den praktischen Einsatz bei der Implementierung gegeben. Die angeführten Schemaanweisungen beziehen sich im speziellen jedoch auf das kommerzielle Datenbankmanagementsystem Oracle.

6.8   Partitionierung

Durch das historische Aufzeichnen der Daten in Unternehmen kann es zu sehr umfangreichen Datenmengen kommen, die effizient verwaltet werden wollen.

Sowohl die Objekttabellen[173] als auch die Attributtabellen, die durch den Zerlegungs-algorithmus des Modells RETTE entstehen, müssen für die Aufnahme und effiziente temporale Anfrage geeignet sein.

Die Patitionierung ist eine Möglichkeit sehr große Tabellen und Indizes zu verwalten, indem diese in kleinere und wartbarere Stücke – die Partitionen – zerteilt werden. Der Vorteil ist, dass durch diesen Vorgang SQL- und DML-Anweisungen (data manipulation language) nicht geändert werden müssen.

Jede Partition einer Tabelle oder eines Index muss die selben logischen Attribute aufweisen. Es kann aber jede Partition separate physikalische Attribute (z.B.: Speicheroptionen, Wiederverwendung, etc.) enthalten.

Partition Key

Jede Zeile in einer partitionierten Tabelle ist eindeutig einer einzelnen Partition zugewiesen. Der „Partition Key" ist ein Set aus einer oder mehreren Spalten, welches die Zugehörigkeit zu einer Partition für die jeweilige Zeile bestimmt.

Das DMBS von Oracle dirigiert Einfüge-, Änderungs- und Löschoperationen automatisch anhand des „Partition Key" an die entsprechende Partition weiter.

Oracle stellt mehrere Partitionierungsmethoden zur Verfügung: Bereichspartitionierung (Range Partitioning), Listenpartitionierung (List Partitioning), Hash-Partitionierung (Hash Partitioning) und zusammengesetzte Partitionierung (Composite Partitioning) – was eine Kombination der ersten drei Arten darstellt. Für eine detaillierte Beschreibung dieser Partitionierungsmethoden siehe [Lus01] Seiten 12-1 ff.

---

[173] Für den physischen Entwurf wurden die Bezeichnungen *Objekttabelle* und *Attributtabelle* entsprechend der Bezeichnung für Objektrelation und Teilrelation gewählt.

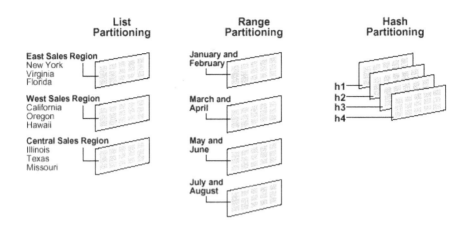

Abbildung 58: Übersicht der Partitionierungsmethoden[174]

Das *Range Partitioning* eignet sich besonders für Attribute, die nicht änderbare Zeitpunkte im Sinne der benutzerdefinierten Zeit aufnehmen. „Range partitionierung" ist eine gut geeignete Methode, um historische Daten zu partitionieren. Die Bereichsgrenzen definieren die Ordnung der Partitionen in den Tabellen. Range Partitioning kann die Daten anhand des Zeitintervalls einer Spalte des Datentyps DATE organisieren. Dies ist ideal, wenn die SQL-Anweisungen Zeitfenster adressieren. Ein Beispiel einer solchen SQL-Anweisung könnte folgendermaßen lauten: „Selektiere alle Daten einer bestimmten Zeitperiode". In einem solchen Szenario, wenn jede Partition die Daten eines Jahres repräsentiert, muss für die Anfrage „finde die Daten des Jahres 1967" nur eine Partition in Anspruch genommen werden. Das reduziert die zu durchsuchende Anzahl zu einem Bruchteil der gesamten verfügbaren Daten. Dies wird als „partition pruning" bezeichnet.

In dem angeführten Beispiel würde sich für eine Range Partition das Geburtsdatum der Person eignen.

Hash Partitioning ist eine gute und leicht anzuwendende Alternative zum „Range Partitioning"; vorausgesetzt es handelt sich um keine historischen Daten. „Hash Partitionierung" bildet Daten basierend auf einem Hash-Algorithmus, der auf den „Partitioning Key" angewendet wird, auf Partitionen ab. Der Hash-Algorithmus verteilt die Zeilen gleich auf die angegebenen Partitionen. Oracle verwendet einen linearen Hash-Algorithmus. Um Daten vor Gruppierungen innerhalb einer spezifischen Partition zu vermeiden, sollte eine Anzahl basierend auf einer 2er Potenz (z.B.: 2, 4, 8, etc.) von Partitionen definiert werden. Es werden vom DBMS interne Namen für die Partition vergeben, wenn diese nicht explizit angeführt werden. Derzeit ist es im DBMS Oracle nicht möglich, alternative Hash-Algorithmen für die

---

[174] [Lus01] Seite 12-6

Partitionierung anzugeben. Für das angeführte Beispiel könnte dies die Mitarbeiternummer M# sein.

Anhand des *Composite Partitioning* können mehrere Partitionsmethoden miteinander kombiniert werden. Durch Anwendung der Composite Partitionierung wird vom DBMS zuerst nach „Range" partitioniert. Innerhalb einer „Range" wird vom DBMS Oracle eine Subpartition erzeugt und die Daten innerhalb dieser unter Verwendung des oben angeführten Hash-Algorithmus verteilt.

Daten, die in den zusammengesetzten Partitionen (composite partitions) abgelegt werden, werden logisch nur nach den Bereichsgrenzen, welche die Range angeben, geordnet. Diese Partitionierungsmethode eignet sich insbesondere dann, wenn die inhaltliche Bedeutung zur Unterstützung rein historischer Daten hinzukommt.

Implementierung

```
CREATE TABLE M1 (
    M#                   NUMBER(38)     NOT NULL,
    VORNAME              VARCHAR2(20)   NOT NULL,
    NACHNAME             VARCHAR2(20)   NOT NULL,
    GESCHLECHT           CHAR(1)        NOT NULL,
    GEBURTSDATUM         DATE           NOT NULL,
    ADRESSE              VARCHAR2(50)   NOT NULL,
    TELEFONNR            NUMBER(38)     NOT NULL,
    BEGINN               DATE           NOT NULL,
    ENDE                 DATE           NOT NULL
);
CREATE OR REPLACE TRIGGER M1_PKT … ;
ALTER TABLE M1 ADD PRIMARY KEY (M#);
```

Für das Beladen der Tabelle M1 (des zuvor beschriebenen Beispiels) können im Werkzeug *SQL*Plus* folgende Anweisungen eingegeben werden.

```
alter session set nls_date_format = 'DD.MM.YYYY';
insert into m1 (M#,NACHNAME,BEGINN,ENDE) values (7369, 'SMITH',
'17.12.1980', '10.01.1981');
insert into m1 (M#,NACHNAME,BEGINN,ENDE) values (7369, 'SMITH',
'16.12.1981', '13.01.1982');
insert into m1 (M#,NACHNAME,BEGINN,ENDE) values (7369, 'SMITH',
'17.12.1982', '30.12.1982');
insert into m1 (M#,NACHNAME,BEGINN,ENDE) values (7499, 'ALLEN',
'20.02.1981', null);
insert into m1 (M#,NACHNAME,BEGINN,ENDE) values (7521, 'WARD',
'22.02.1981', null);
insert into m1 (M#,NACHNAME,BEGINN,ENDE) values (7566, 'JONES',
'02.04.1981', null);
insert into m1 (M#,NACHNAME,BEGINN,ENDE) values (7654, 'MARTIN',
'28.09.1981', null);
insert into m1 (M#,NACHNAME,BEGINN,ENDE) values (7698, 'BLAKE',
'01.05.1981', null);
insert into m1 (M#,NACHNAME,BEGINN,ENDE) values (7782, 'CLARK',
'09.06.1981', null);
insert into m1 (M#,NACHNAME,BEGINN,ENDE) values (7788, 'SCOTT',
'09.12.1982', null);
```

```
insert into m1 (M#,NACHNAME,BEGINN,ENDE) values (7839, 'KING',
'17.11.1981', null);
insert into m1 (M#,NACHNAME,BEGINN,ENDE) values (7844, 'TURNER',
'08.09.1981', null);
insert into m1 (M#,NACHNAME,BEGINN,ENDE) values (7876, 'ADAMS',
'12.01.1983', null);
insert into m1 (M#,NACHNAME,BEGINN,ENDE) values (7900, 'JAMES',
'03.12.1981', null);
insert into m1 (M#,NACHNAME,BEGINN,ENDE) values (7902, 'FORD',
'03.12.1981', null);
insert into m1 (M#,NACHNAME,BEGINN,ENDE) values (7934, 'MILLER',
'23.01.1982', null);
commit;
```

Für das Beispiel mit Anwendung des Hash Partitioning mittels Mitarbeiternummer M# würde sich für die Partitionen nach Beladen der Tabelle folgende Aufteilung ergeben.

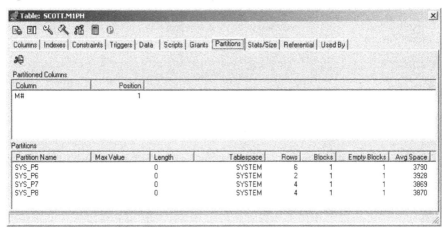

Abbildung 59: Beispiel einer partitionierten Tabelle

```
select * from M1

SELECT STATEMENT Optimizer=CHOOSE (Cost=1 Card=164 Bytes=17548)
  PARTITION HASH (ALL)
    TABLE ACCESS (FULL) OF M1 (Cost=1 Card=164 Bytes=17548)

select * from M1 where M#=7788;

SELECT STATEMENT Optimizer=CHOOSE (Cost=1 Card=1 Bytes=107)
  TABLE ACCESS (FULL) OF M1 (Cost=1 Card=1 Bytes=107)

select * from M1 where M# < 7788;

SELECT STATEMENT Optimizer=CHOOSE (Cost=1 Card=8 Bytes=856)
  PARTITION HASH (ALL)
    TABLE ACCESS (FULL) OF M1 (Cost=1 Card=8 Bytes=856)
```

6.8.1 Objekttabelle

Das Partitionieren wird in diesem Kapitel aus Sicht des temporalen Aspekts und der damit verbundenen praktischen Erfahrungen beleuchtet. Eine der Hauptkomponenten der Partitionierung ist der Partitionsschlüssel (Partition Key). Wie dieser effizient für temporale Tabellen, die nach dem Modell RETTE abgeleitet wurden, festgelegt werden kann, wird im Folgenden behandelt.

6.8.2 Attributtabelle

Liegen im Verhältnis zur Objekttabelle große Datenmengen in der Attributtabelle vor – d.h. pro Objekt existieren viele Änderungswerte, so ist die Anwendung einer „Composite Partition" angebracht. Dieser Fall ist speziell dann zu beobachten, wenn Information zu Attributen mit hoher Frequenz aufgezeichnet wird.

Hochfrequente Daten im Bereich der Aktienkurse, vor allem im Bereich von Fremdwährungskursen, können hierzu angeführt werden. Die verbesserte Infrastruktur in der Informationstechnologie erlaubt es, in immer kürzeren Intervallen Informationen zu Kursen rund um die Uhr und rund um den Erdball aufzuzeichnen. Betrachten wir den Wechselkurs als temporales interessantes Attribut der Währung, so würde dies nach der Ableitung nach RETTE in einer eigenen Attributtabelle münden. Damit diese Tabelle das DBMS und die darunter liegende Hardware nicht an seine Leistungsgrenzen bringt, wäre es angebracht, diese durch Anwendung eines „Composite Partitioning" in kleinere und leichter zu handhabende Tabellen zu zerteilen. Dabei zeichnet sich der „Tick" (oder eines der Zeitstempelattribute) für eine „Range Partitionierung" aus; für die „Hash Partitionierung" würde die Währung herangezogen werden. Insbesondere für Tabellen, welche die zwei GB (Gigabyte) Grenze übersteigen, empfiehlt sich diese Vorgehensweise. Ein weiteres Beispiel sind hochfrequent, automatisiert abgelesene Informationen zu betrieblichen Anlagen.

6.8.3 Index Partitionierung

Werden Index und Tabelle auf Basis anderer Spalten partitioniert (mittels globalen partitionierten Index), so kann „Partition Pruning" auch Index Partitionen eliminieren, auch wenn die Partitionen der darunter liegenden Tabelle nicht eliminiert werden können.

6.9 Indizierung

Der Zugriff auf Information kann in konventionellen DBMS beschleunigt werden, indem Indizes aufgebaut werden. Ein Index ist eine Hilfsdatenstruktur, welche für einen Attributwert oder eine Attributwertkombination einen direkten Zugriff auf die zugehörigen Datensätze unterstützt. Beim physischen Entwurf sollte überlegt werden, über welche Attribute oder Attributkombinationen gleicher oder unterschiedlicher Klassen eine solche Hilfsstruktur aufgebaut werden soll.

Solche „Hilfsstrukturen" stehen für konventionelle Attribute in verschiedenen Ausprägungen in kommerziellen DBMS zur Verfügung. Für die Eigenheiten von temporalen Attributen stehen derzeit in kommerziellen Umgebungen keine Indextypen zur Verfügung.

Indizierung von verschachtelten Tabellen

Im ORDBMS Oracle können Indizes sowohl für typisierte Tabellen als auch für verschachtelte Tabellen erzeugt werden. Indizes können für die eigentlichen Attribute (leaf-level scalar attributes) angelegt werden. Referenzen können dann indiziert werden, wenn diese typisiert (scoped) sind.

Die folgende Anweisung erzeugt einen Index für das historische Attribut „Abteilung":

```
CREATE INDEX MITARBEITER_ABTEILUNG_IDX ON MITARBEITER_ABTEILUNG_HT
(ABTEILUNG);
```

Der Ausführungsplan für die folgende Anfrage würde dann wie folgt aussehen:

```
select m.NUMMER, m.VORNAME
from mitarbeiter_objtab m
where 'AI' in (select a.ABTEILUNG from TABLE(ABTEILUNG_HT) a);

SELECT STATEMENT Optimizer=CHOOSE
   FILTER
     TABLE ACCESS (FULL) OF MITARBEITER_OBJTAB
     TABLE ACCESS (BY INDEX ROWID) OF MITARBEITER_ABTEILUNG_HT
       INDEX (RANGE SCAN) OF MITARBEITER_ABTEILUNG_IDX (NON-UNIQUE)
```

6.10 Anfragen auf Bereiche in temporalen Attributen

Wird in den Attributtabellen nach einem speziellen Eintrag gesucht, müssten in einem „strengen" objektorientierten Umfeld alle Objekttabellen nach den gesuchten Details durchsucht werden (set membership queries).

Ein Beispiel einer solchen Anfrage wäre: „Ermittle alle Mitarbeiter, die in der Abeilung AI beschäftigt sind und waren."

```
select m.NUMMER, m.VORNAME
from MITARBEITER_OBJTAB m
where 'AI' in (select a.ABTEILUNG from TABLE(ABTEILUNG_HT) a)
```

Der Ausführungsplan würde ohne diesen Parameter folgendermaßen aussehen:

```
SELECT STATEMENT Optimizer=CHOOSE
   FILTER
     TABLE ACCESS (FULL) OF MITARBEITER_OBJTAB
     TABLE ACCESS (FULL) OF MITARBEITER_ABTEILUNG_HT
```

Das ORDMBS Oracle kann Anfragen bezüglich der Mitgliedschaft in einem zugehörigen Set (child-set) durch Transformation in einen internen Semi-Join effizienter ausführen. Dies wird jedoch nur durchgeführt, wenn der Parameter `ALWAYS_SEMI_JOIN` initialisiert ist.

6.11   Implementierung   der Repräsentationsschicht

Zur Gestaltung der Benutzerschnittstelle wird in der Oracle Designer Umgebung deklarativ vorgegangen. Dies ist eines der wesentlichen Unterscheidungsmerkmale zu anderen Entwicklungsumgebungen. Zur Gestaltung eines Moduls, aus dem schlussendlich ein Formular für den Benutzer wird, wird die Datenverwendung für dieses spezifiziert. Der darauffolgende Prozess des Generierens erzeugt durch Hinzunahme von Präferenzen und Vorlagen aus diesen Informationen eine ausführbare Anwendung.

Die im folgenden dargestellten Überlegungen, die bei der Umsetzung mit temporalen Daten zu berücksichtigen sind beziehen sich auf dieses Vorgehen bei der Entwicklung.

Design Editor- Design Environment

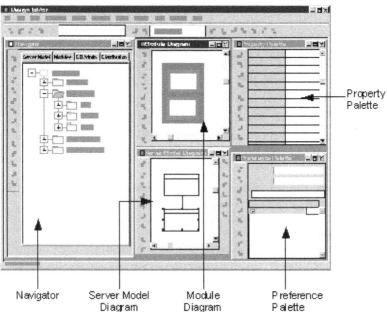

Navigator   Server Model   Module   Preference
                    Diagram   Diagram   Palette

Abbildung 60: Umfeld des *Design Editors*[175]

---

[175] entnommen aus [Ora01]

6.11.1 Überlegungen zur Gestaltung der Erfassungsformulare

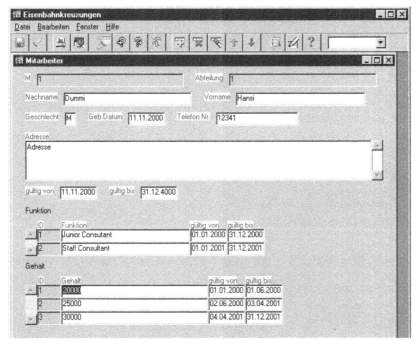

Abbildung 61: Umsetzung temporaler Attribute

Alternativ können die einzelen Attribute auch auf Karteireiter verteilt werden.

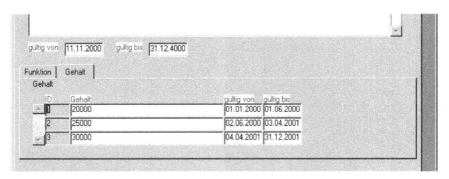

Abbildung 62: Umsetzung mittels Karteireiter

Der Block der temporalen Attribute kann standardmäßig nach dem „gültig von" Datum in absteigender Reihenfolge gereiht werden. Es hat sich jedoch gezeigt, dass dies einen erhöhten Schulungsaufwand mit sich bringt.

Die absteigende Reihenfolge hat den Vorteil, dass der Benutzer intuitiv nach unten blättert, um den letztgültigen Datensatz zu sehen. Soll ein neuer eingefügt werden, so wird um eine Zeile weiter nach unten geblättert, und der Benutzer erhält eine neue leere Zeile. Ausgelöst durch diese Aktion (NEW-RECORD) wird die letzte Zeile mit dem *Systemdatum–1* abgeschlossen und der Wert des „gültig von" der neuen Zeile mit dem Systemdatum angelegt.

Für die absteigende Sortierung wurde der Trigger „vorheriger Datensatz" so umgestaltet, dass anstatt einer Meldung, dass keine Datensätze mehr existieren, eine neue Zeile am Beginn des Blocks eingefügt wird.

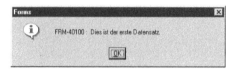

Abbildung 63: Fehlermeldung

Oracle Forms erlaubt es nicht, in der ersten Zeile einen neuen Datensatz anzulegen. Soll vor oder nach einer Periode etwas eingefügt werden, kann zu der entsprechenden Zeile gewechselt werden. Der neue Datensatz wird immer unterhalb des markierten Datensatzes eingefügt. Dies ist für den Endbenutzer zwar etwas gewöhnungsbedürftig, jedoch in *Oracle Forms* mit vertretbaren Aufwand nicht anders zu realisieren.

6.11.2 Unterstützende Funktionen

Im Folgenden sind einige Funktionen, welche die Handhabung temporaler Daten in einer Benutzerschnittstelle erleichtern angeführt.

Kalender

Datumsfelder sind mit einem Kalender hinterlegt. Das Datum kann aus einem Kalender ausgewählt werden.

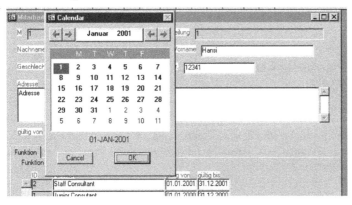

Abbildung 64: Beispiel des Kalenders

Das Arbeiten mit temporalen Standardwerten

Um dem Anwender die Eingabe von temporalen Daten zu erleichtern, werden die Zeitstempelattribute mit kontextabhängigen Standardwerten versehen.

Periodenanzeiger

Das Problem ist, dass immer über gesamte ‚Zeitreihen' hinweg gearbeitet wird. Die Operationen betreffen die gesamte Zeitreihe und nicht nur den aktuellen Datensatz. Um z.B. eine Graphik zur Darstellung von Perioden aufzubereiten, müssen der Anfangs- und Endpunkt der Zeitreihe bekannt sein. Nur dann kann ein sinnvoller Ausschnitt dargestellt werden. Das Modell RETTE sieht vor, dass diese Grenzen in der Objekttabelle gespeichert werden. Damit kann als Nebeneffekt auch die Leistungsfähigkeit der zuvor beschriebenen Anfrage gesteigert werden, da diese Information nicht aus den Detail-Tabellen ermittelt werden muss. Ist das Intervall jedoch offen, muss wiederum auf den maximalen Wert abgefragt werden.

Oracle Forms arbeitet standardmäßig ohne ‚Vorausschau'. Eine Anfrage wird ausgeführt und die Datensätze nach ihrer Ordnung von der Datenbank an den Klienten übertragen. Wie viele Datensätze existieren, ist zu diesem Zeitpunkt nicht bekannt. Es werden auch nicht alle Datensätze übertragen, sondern nur jene, die für die Anzeige benötigt werden.

Das Ermitteln der Grenzen wird ähnlich wie das Ermitteln von Summen in Detailblöcken implementiert. Es wird eine Minimal und Maximal Anfrage an die Datenbank gerichtet. Um die Systembelastung so gering wie möglich zu halten, werden die ermittelten Werte am Klienten zwischengespeichert und bei Modifikationen der Grenzen entsprechend angepasst. Dieser Wert wird dazu verwendet, um die Periode eines temporalen Datensatzes anzuzeigen.

Die Darstellung erfolgt durch ein ‚|' in einem Textfeld. Um den aktuellen Wert darzustellen, wird folgende Formel verwendet. Dabei stellt der Wert 20 die Länge des angezeigten Feldes ist.

```
20*0.01*((ACTd-MINd)      /      ((MAXd-
MINd)*0.01))
```

Der folgende PL/SQL Ausdruck kann im Oracle Designer als Funktion (z.B.: Oracle Forms) verwendet werden.

```
LPAD('|', 20*0.01*((fkt.m_tb-fkt.m_min)
/ ((fkt.m_max-fkt.m_min)*0.01)))
```

Die oben dargestellte Formel stellt nur einen Wert in einem Textfeld dar. Um sowohl den Periodenanfang als auch das Periodenende darzustellen, kann der folgende PL/SQL Ausdruck verwendet werden:

```
rpad(lpad('|', pb), pe)
```

```
RPAD(LPAD('|',       20*0.01*((fkt.m_tb-
fkt.m_min)          /          ((fkt.m_max-
fkt.m_min)*0.01))),
20*0.01*((fkt.m_te-fkt.m_min)          /
((fkt.m_max-fkt.m_min)*0.01)))||'|'
```

Abbildung 65: Beispiel des Periodenanzeigers

6.11.3   Bitemporaler Attribut Viewer

Weil bitemporale Tabellen für den Anwender bei der Interpretation nicht besonders intuitiv sind, wurde basierend auf dem bitemporalen Zeitdiagramm von Jensen ein Betrachter für solche Tabellen entwickelt. Das bitemporale Zeitdiagramm wurde von Jensen und Snodgrass in [JS92] eingeführt.

Das bitemporale Zeitdiagramm ermöglicht dem Anwender auf einen Blick – nach kurzer Einschulung – den Sachverhalt zu erkennen.

Im unten dargestellten Beispiel wird ein Vertrag und dessen zeitbezogenes Attribut „Produkt" dargestellt. Auf der horizontalen Achse kann der Verlauf der Transaktionszeit, auf der vertikalen Achse die Gültigkeitszeit abgelesen werden.

Erst durch diese Visualisierung war es möglich, den Anwendern einen entsprechenden „Einblick" in die bitemporale Tabelle für die Produktänderungen zu gewähren. Dieses Diagramm kann im speziellen Projekt auch für die „Beauskunftung" – d.h. Informationsauskunft gegenüber Kunden – verwendet werden. Es kann jederzeit nachvollzogen werden, wann welche Information dem System zugegangen ist. Mithilfe dieses Diagramms können sehr rasch Ungereimtheiten zwischen Kunden und Unternehmen aufgeklärt werden. Die bitemporale Produkttabelle ist Ausgangspunkt für die Steuerung der Verrechnungsprozesse.

Jedes abgebildete Rechteck stellt dabei ein Tupel der bitemporalen Tabelle dar. Das „Fadenkreuz" bezeichnet das „Jetzt", sowohl für die Gültigkeitszeit, als auch für die Transaktionszeit. Aktuelle Informationen sind aus dem „Rechteck" zu entnehmen, welches vom „Fadenkreuz" geschnitten wird.

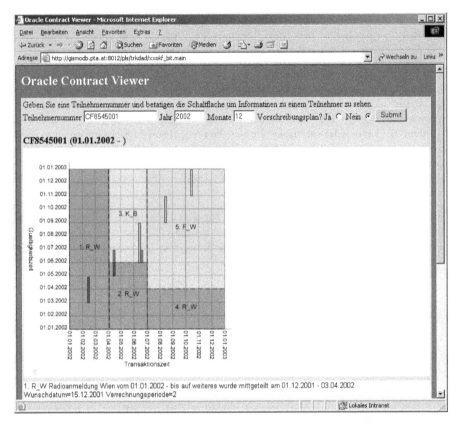

Abbildung 66: bitemorales Zeitdiagramm des Attributs Produkt[176]

Die technische Umsetzung beruht auf SVG[177] (scaleable vector graphic), einer Beschreibungssprache für zweidimensionale Vektor und Raster-Graphiken in XML.

Der Viewer kann sehr leicht auf jede bitemporale Attributtabelle angepasst werden. Dazu ist lediglich die entsprechende SQL-Anweisung einem „Ref Cursor"[178] zu übergeben.

Umgesetzt ist der Viewer in einer multi-tier Architektur, d.h. Browser, Applikationsserver und Datenbank. Der Browser muss mit einem entsprechenden SVG-Plugin versehen sein. Als Applikationsserver kommt ein *Apache Server* mit einer mod_plsql Modulerweiterung zum Einsatz. Das mapping der bitemporalen Tabelle auf das SVG Format übernimmt eine PL/SQL Prozedur.

---

[176] Die dargestellte Implementierung entstammt einem Projekt eines großen Inkasso Unternehmens.

[177] siehe [W3C01]

[178] siehe [PR01] Seite 6-17 ff.

6.12 Attributzeitstempelung durch bezeichnete Intervalle

Bezeichnete Intervalle (*labeled intervals*) sind vorgegebene Intervalle, die eine Bezeichnung erhalten.

Ein Beispiel eines bezeichneten Intervalls:

„Planungsperiode 5, Geschäftsjahr 2000 (vom 1.4.1999 bis 13.3.2000)"

Es wird für die Attributzeitstempelung nicht das Intervall im Sinne von zwei Zeitstempelattributen angegeben, sondern die Intervallbezeichnung. Die Domäne des Zeitstempelattributs beruht auf den ‚bezeichneten Intervallen' und kann einen Fremdschlüssel auf eine Intervall-Relation darstellen. In der Intervall-Relation werden die eindeutige Kennzeichnung des Intervalls und evtl. die Zeitstempelattribute T_B und T_E gehalten.

Der Unterschied zur Attribut-Zeitstempelung ist, dass der Zeitstempel hier als singuläres Attribut, dessen Domäne auf jener des ‚bezeichneten Intervalls', definiert ist beruht.

Diese Art der Attributzeitstempelung findet sich vor allem dann, wenn in der modellierten Realität nur Änderungen in dieser, durch das bezeichnete Intervall, vordefinierten Granularität von Interesse sind oder wenn es sich um Planwerte handelt.

Ein kleines Beispiel einer Seminarplanung kann dies veranschaulichen. Für die Planung werden Seminare (S1) geplant. Diese werden mit einem Budget (S2) ausgestattet. Auch die Besuche (B1) und die entrichteten Gebühren (B2) sollen prognostiziert werden. Es wird davon ausgegangen, dass es sich hier um Seminare handelt, die sich über einen längeren Zeitraum erstrecken. Dadurch ist es notwendig sowohl die Budgetierung, als auch die Gebührenentrichtung für ein konkretes Seminar auf mehrere Zeiträume aufzuteilen, was für eine Liquiditätsplanung wesentlich wäre. Die Planungszeiträume (I1) werden mittels einer eigener Tabelle abgebildet.

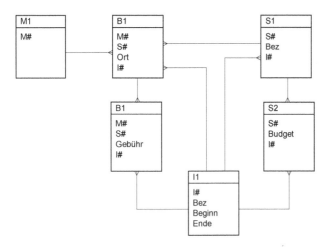

Abbildung 67: Beispiel für bezeichnete Intervalle

6.13   Modelländerungen

In diesem Abschnitt wird eine weitere Facette der Dimension Zeit – die *langfristigen* Auswirkungen der Zeit auf Informationssysteme - untersucht. Dabei werden folgende Fragen beleuchtet:

-   Wie sollen vorhandene Daten behandelt werden, wenn sich das Modell ändert?

-   Wie werden Informationen konvertiert, deren zugrundeliegender Prozess[179] sich ändert?

-   Wie können historisierte Daten weiterhin im neuen System verfügbar sein?

-   Bleiben die „alten" Daten in der „alten" Struktur, oder sollen diese ebenfalls angepasst werden?

-   Was geschieht mit Daten von Objekten, Attributen bzw. Beziehungen, die bisher über die Zeit aufgezeichnet wurden und nun mehr im „Schnappschuss" verfügbar sein sollen und umgekehrt?

Diese und viele andere Fragen, die im Laufe der Arbeiten an diesem Buch im Zusammenhang mit der langfristigen Betrachtung von Informationssystemen

---

[179] Beziehungen (im Sinne von Beziehungen zwischen Entitäten, Objekten, etc.) spiegeln in vorhandenen Informationssystemen oft Prozesszusammenhänge wieder. D.h. der Prozess findet sich im Datenmodell abgebildet.

aufgeworfen werden, stellen sich vorrangig für *temporale Systeme*. In Schnappschuss-Systemen können oft die vorhandenen Daten, die zumeist nur den aktuell gültigen Zustand der Objekte darstellen, in die neue Struktur gebracht werden. Die „alten" Daten werden nach deren Transformation verworfen.

In diesem Abschnitt wird aufgezeigt, wie sich das vorgestellt temporale Rahmenwerk bei Änderungen des ER bzw. des logischen Modells verhält. Änderungen am Modell treten insbesondere bei langfristiger Betrachtung von Informationssystemen auf. Im Speziellen unterliegen unternehmensweite Informationssysteme einem laufenden Änderungs- bzw. Anpassungsprozeß.

Ändern sich die realen Strukturen, dann bringt dies zumeist Modelländerungen mit sich. Es können auch Erweiterungen der modellierten Realität auftreten, obwohl sich die tatsächliche Umgebung nicht geändert hat.[180] Dieser Aspekt tritt besonders im Zusammenhang mit Prototyping Projekten in den Vordergrund.

Um eine solche evolutionäre Systementwicklung umsetzen zu können, ist es wesentlich, dass die Informationssystemarchitektur den geänderten Gegebenheiten mit vertretbarem Aufwand angepasst werden kann.

Die Anpassungen der modellierten Realität können in zwei Gruppen gegliedert werden:

-     Änderungen an der Struktur des Modells

-     Änderung der Daten des Modells, die durch Strukturänderungen hervorgerufen wurden.

Wie ändern sich die Geschäftsregeln bzw. die temporalen Bedingungen, wenn das Modell mit Strukturänderungen konfrontiert wird? Was dabei zu tun ist, soll nun im Anschluss beschrieben werden.

"Bei der Erstellung von *großen, komplexen Informationssystemen*[181] zeigt sich, dass sowohl während des Entwicklungsprozesses als auch nach Inbetriebnahme der Systeme immer wieder schwierige Probleme auftreten":[182]

- Die Systeme werden später fertig als geplant.

- Die vorgesehenen Entwicklungskosten werden erheblich überschritten.

- Viele Anforderungen der Benutzer werden zu spät erkannt und können nicht ausreichend berücksichtigt werden.

- Die Systeme funktionieren zumindest anfangs schlecht, sind instabil und fehlerbehaftet.

---

[180] Für entsprechende wissenschaftstheoretischen Argumente in diesem Zusammenhang sei auf [Cha99] verwiesen und im Speziellen auf Seite 147ff.

[181] in weiterer Folge als VCDB - very complex database bezeichnet

[182] [Han92] Seite 557

- Die Systemwartung (Fehlerbehebung, Durchsatzoptimierung, Anpassung an Änderungen der Bedingungslage) ist zeitaufwendig, teuer und führt zu Störungen.

Nachträglich zu ändernde Informationssysteme stellen einen wesentlichen Kostenfaktor für Unternehmen dar. Viele selbstentwickelte Systeme sind in den letzten Jahren zu strategischen Wettbewerbsfaktoren für Unternehmen geworden. Dies schließt oft ein Wechseln auf Standard-„Software" (Systeme) aus.

Die Arbeiten an der Umsetzung der generierenden Werkzeuge haben gezeigt, dass Unternehmen, die in der Vergangenheit auf rechnergestützte Systementwicklung[183] mit einem wohldefinierten zentralen Verzeichnis[184] gesetzt haben, die Kosten für Portierungsarbeiten von Informationssystemen auf laufend sich ändernde Modell-Realitäten reduzieren können. In sehr komplexen Informationssysteme (VCDB) können Änderungen mit hohen Aufwänden verbunden sein. In einem zentralen Repository, wie dem des *Oracle Designer*, können Analysen über Auswirkungen solcher Änderungen durchgeführt werden (Impact Analysis). Dadurch ist es im beschriebenen Oracle Umfeld möglich mit geringen Aufwand in einem Schnappschuss-Modell nachträglich, ohne erhöhte Kosten den temporalen Aspekt mittels Modell RETTE einzubringen.

Ein Attribut wird zu einem Entitätstyp

In der evolutionären Informationssystementwicklung kristallisieren sich häufig Attribute als Entitätstypen heraus. Dies wird oft dann nötig, wenn die modellierte Realität erweitert werden soll. Mit dem einstigen Attribut werden andere Attribute assoziiert; das einstige Attribut geht Beziehungen zu anderen Entitäten ein.

In weiterer Folge wird jeder Attributtyp als eigenständiger Objekttyp betrachtet. Ein Entitätstyp stellt eine Gruppierung solcher Objekttypen dar.[185] In dieser Betrachtungsweise ist es unwesentlich, ob ein Objekttyp als direktes Attribut oder als ein Attribut, welches aufgrund einer Beziehung hergeleitet werden kann, dem Entitätstyp zugeordnet ist.

Ein Attribut wird somit in dieser Betrachtung als implizit dargestellte Beziehung zu einem Objekttyp angesehen. Für die Betrachtung des Modells aus Implementierungssicht stellen Attribute *starke* Beziehungen zwischen Objekttypen dar. Relationen des ER-Modells stellen somit *schwache* Beziehungen zwischen Objekttypen dar. Diese Betrachtung des ER-Modells erlaubt sowohl eine Ableitung des Modells ins relationale als auch ins objektrelationale Modell.

Wird ein Attribut aus einem Entitätstyp herausgezogen, so wird ein neuer Entitätstyp angelegt, oder das Attribut wechselt seine Zugehörigkeit zu einem Entitätstyp. Im Folgenden sollen die einzelnen Fälle erörtert und deren Auswirkungen auf das logische Modell beschrieben werden.

---

[183] CASE - Computer Aided System Engineering

[184] Repository, Dictionary

[185] Siehe dazu auch im weiteren Sinne – Eigenschaft vs. Relation - [Cha99] Seite 162.

Temporale Attribute, die zu einem neuen Entitätstypen werden

Im angeführten Beispiel wurde das temporale Attribut „Gehalt" dem Entitätstyp „Mitarbeiter" zugeordnet. Im logischen Modell entstand aus diesem Attribut eine eigene Relation, um die Mehrwertigkeit dieses Attributs abbilden zu können. Die Zugehörigkeit des temporalen Attributs zur Objektrelation, welche den Kernentitätstyp darstellt, wurde anhand eines Fremdschlüssels implementiert.

Das temporale Attribut hätte durch eine Verfeinerung des ER-Diagramms ebenfalls auch als schwacher Entitätstyp dargestellt werden können. Diese Darstellung hätte die Lesbarkeit des Diagramms (je nachdem in welcher Notation) erschwert. Wird das Attribut nun als schwacher Entitätstyp mit dessen Zeitstempelattributen dargestellt, bedarf es noch des Schritts, aus diesem schwachen Entitätstyp, eine starke zu machen. D.h., der zusammengesetzte Primärschlüssel, der Teile des Hauptentitätstyps beinhaltet, muss zu einem eigenständigen Schlüssel werden. Wurde in der Überleitung bereits ein Surrogatschlüssel für die temporale Teilrelation angelegt, so kann dies nun im ER-Modell dokumentiert werden.

Die Modifikationen des logischen Modells sind gering. Vorhandene Benutzerschnittstellen können bestehen bleiben, solange keine anderen Attribute des neuen Entitätstyps sichtbar sein sollen.

Neu hinzutretende Attribute zu diesem neuen Entitätstyp sind entsprechend den Regeln des Ableitungsalgorithmus nach RETTE ins logische Modell zu übernehmen.

6.14 Arbeitsweise des Temporal Database Design Transformers

Der Mapping Algorithmus wurde aufgrund der Angaben in [Kai00] und [EN00] erstellt.

Der nachfolgende Algorithmus wird verwendet, um das temporal erweiterte ER-Modell in ein relationales Schema überzuleiten.

TimeFrame A: einfaches Attribut

TimeFrame A1: Aus jedem Entitätstyp wird ein *Relationstyp* erzeugt. Als erstes werden die starken Entitätstypen und danach die schwachen Entitätstypen behandelt.

TimeFrame A1.1: Für jede abgeleitete Relation wird ein Eintrag für die *Entity-Relationszuordnung* angelegt.

TimeFrame A1.2: Für jede Relation wird ausnahmslos eine *Primärschlüsseldefinition* angelegt.

TimeFrame A1.3: Wurde kein Primärschlüssel angeführt, so wird als erstes die *Surrogatschlüsselspalte* für die abgeleitete Relation angelegt.

TimeFrame A1.3.1: Diese Spalte wird der zuvor angelegten *Primärschlüsseldefiniton hinzugefügt*.

Anmerkung: Wurde für die Surrogatschlüssel-Option ‚NO' definiert, so wird ein Surrogatschlüssel nur angelegt, wenn kein Primärschlüssel definiert ist. Wurde ‚YES' definiert, so wird jedenfalls ein Surrogatschlüssel angelegt. Evtl. vorhandene Primärschlüsseldefinitonen werden als Unique Key implementiert.

TimeFrame A2: Alle *einfachen* (und einfachen Attribute zusammengesetzter Attribute) zeitunabhängigen und zeitabhängigen *Attribute* im weiteren Sinn und *Zeitstempelattribute* werden zu Spalten der zuvor abgeleiteten Relation übergeführt.

TimeFrame A2.1. Die *Primärschlüsselspalten* werden der Primärschlüsseldefinition hinzugefügt.

TimeFrame A3: *Unique Key Definition* wird angelegt. (Wurde ein Surrogatschlüssel implementiert, so wird der definierte Primärschlüssel als Unique Key angelegt).

TimeFrame A3.1: Die *Unique Key Spalten* der entsprechenden Attribute werden der Unique Key Definition zugeordnet.

TimeFrame A4: Geschäftsregel für *Primary Key Temporal* anlegen, wenn eine Historie in der Objekttabelle erlaubt ist.

TimeFrame A4.1: Die *Primary Key Temporal Spalten* werden der Bedingung hinzugefügt. Dies sind die Spalten, die sowohl im Primärschlüssel definiert wurden als auch die Zeitstempelattribute.

Anmerkung: Ein Primary Key Temporal wird nur dann angelegt, wenn in der Objektrelation Mehrfachvorkommen von Objekten erlaubt sind. TimeFrame geht von der Annahme aus, dass die Objektrelation nur ein einmaliges Auftreten in der Historie erlaubt. Es sind auch keine Lücken für die Objektrelation zulässig. Das Erzeugen des „Primary Key Temporal" kann aufgrund der Angabe `<HT>LUECKENLOS</HT>` in der Notiz erreicht werden.

TimeFrame 3.2: Die *Unique Key Spalten der Beziehungstypen* werden ermittelt und der „Unique Key Definition" zugeordnet. Dies kann erst nach Behandlung der Beziehungstypen erfolgen.

TimeFrame B: komplexe Attribute

TimeFrame B: Ableiten der komplexen Attribute eines Entitätstyps.

TimeFrame B1: Aus jedem mehrwertigen Attribute (multivalue attribute) eine eigene Relation anlegen.

TimeFrame B1.1: Diese *Teilrelation* mit der Objektrelation mittels Fremdschlüssel verbinden. Die Spalten des Primärschlüssels der Objektrelation werden in die Teilrelation übernommen und dem Fremdschlüssel zugeordnet.

TimeFrame B3: Ableiten von zeitbezogenen Attributen im engeren bzw. zyklischen Sinne. Für jede Synchronitätsklasse dieser Attribute wird eine eigene *temporale Teilrelation* angelegt.

TimeFrame B3.1: Anlegen einer Table-Entity Zuordnung.

TimeFrame B3.2: *Primärschlüsseldefiniton* für die Teilrelation anlegen.

TimeFrame B3.3: Die Teilrelation wird um eine *Fremdschlüsseldefinition* erweitert.

TimeFrame B3.4: Bei Bedarf wird eine *Surrogatspalte* für die Teilrelation angelegt.

TimeFrame B3.5: Die Surrogatspalte bei Bedarf der Primärschlüsseldefinition hinzufügen.

TimeFrame B3.6: Die Primärschlüsselspalten der Objektrelation als *Fremdschlüsselspalten* der Teilrelation hinzufügen.

TimeFrame B3.7: Die Fremdschlüsselspalten der Fremdschlüsseldefinition hinzufügen.

TimeFrame B3.8: *Die Primärschlüsselspalten der Objektrelation*, die als Fremdschlüssel der Teilrelation hinzugefügt werden, werden ebenfalls der *Primärschlüsseldefinition* der Teilrelation hinzugefügt, wenn kein Surrogatschlüssel angelegt wurde.

Anmerkung: Wird kein *Surrogatschlüssel* für die Teilrelation angelegt, so wird diese als ein schwacher Entitätstyp behandelt. Der Primärschlüssel setzt sich somit aus den Primärschlüsselspalten der Teilrelation und den Spalten der Fremdschlüsselbeziehung zur Objektrelation zusammen. Um dem temporalen Aspekt gerecht zu werden, kommen beide bzw. zumindest eine der Zeitstempelattribute in den konventionellen Primärschlüssel der Teilrelation.

TimeFrame B3.9: Die zeitbezogenen *Spalten* einer Synchronitätsklasse werden der Teilrelation zugeordnet.

TimeFrame B3.10: Weiters werden Zeitstempelattribute in die Teilrelation aufgenommen.

TimeFrame B3.11: Die Zeitstempelattribute der Primärschlüsseldefinition der Teilrelation hinzufügen, wenn diese nicht bereits den Surrogatschlüssel beinhaltet.

TimeFrame B4: Für jedes Attribut das die Eigenschaften ‚temporal im engeren Sinne' bzw. ‚temporal zyklisch' in Verbindung mit der Eigenschaft ‚mandatory' aufweist, wird die *Mandatory Temporal Geschäftsregel-Definition* angelegt.

TimeFrame B4.1: Zuordnen der Spalte zur Mandatory Temporal Geschäftregel.

TimeFrame B4.2: Für jeden Unique Key, dessen Attribute in der Teilrelation enthalten sind, wird die *Unique Temporal Geschäftsregel-Definition* angelegt.

TimeFrame C: Deltarelation

TimeFrame C1: Für zyklische Attribute wird eine *Deltarelation* erstellt.

TimeFrame C1.1: Table-Entity Zuordnung anlegen.

TimeFrame C1.2: Primärschlüssel-Definition auf Deltarelation anlegen.

TimeFrame C1.3: Fremdschlüssel-Definiton auf Deltarelation anlegen.

TimeFrame C1.4: Surrogatschlüsselspalte anlegen.

TimeFrame C1.5: Surrogatschlüsselspalte der Primärschlüssel-Definition hinzufügen.

TimeFrame C1.6: Fremdschlüsselspalten hinzufügen

TimeFrame C1.6.1: Die Fremdschlüsselspalten der Fremdschlüssel-Definition hinzufügen.

TimeFrame C1.6.2: Die Fremschlüsselspalten der Primärschlüsseldefinition der Deltarelation hinzufügen.

TimeFrame C1.7: Hinzügen der *Delta-Spalte*.

TimeFrame C1.7.1: Die Delta-Spalte dem Primärschlüssel der Deltarelation hinzufügen.

TimeFrame D: Behandeln der Beziehungen.

TimeFrame E: Es folgt das Auflösen von zusammengesetzten Attributen in singuläre Attribute. D.h. für einzelne Attribute eines zusammengesetzten Attributs wird als Attribut in die Relation aufgenommen.

Auflösen des zusammengesetzten Attributs in eine eigenständige Relation. In die Haupt-Relation wird ein Attribut aufgenommen, dessen Domäne auf die neu erstellte Relation aufbaut.

6.15   Journalisierung mittels Tabellen API

Datenbanktrigger, die eine Prozedur für das Journalisieren aufrufen, werden beim Generieren erzeugt. Für die Journaltabelle wird die folgende Namenskonvention verwendet:

```
<tabellenname>_JN
```

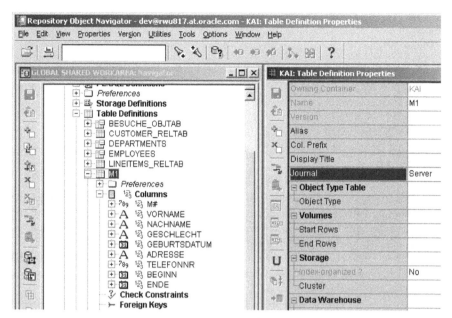

Abbildung 68: Oracle Designer - Journaldefinition

Die erzeugte Journaltabelle ist ein Duplikat der Basistabelle, jedoch mit bis zu sechs weiteren Attributen, die jeweils mit dem Präfix JN_ versehen sind, um die Transaktionsinformationen aufzunehmen.

Spalte	Beschreibung
JN_OPERATION	Typ der durchgeführten Transaktion: INSERT, UPDATE oder DELETE
JN_ORACLEUSER	Name des Systembenutzers, der die Transaktion durchgeführt hat.
JN_DATETIME	*Datum und Zeit, zu der die Transaktion durchgeführt wurde.*
JN_APPLN	Bezeichnung der Applikation, in der die Transaktion durchgeführt wurde.
JN_NOTES	Anmerkungen zu der durchgeführten Transaktion.
JN_SESSION	Kennzeichen der Sitzung (session), in der die Transaktion durchgeführt wurde.

Beim Erzeugen der DDL (data definition language) werden folgende Anweisungen erzeugt:

```
CREATE TABLE M1
(M# NUMBER(38) NOT NULL
,...
,BEGINN DATE
,ENDE DATE
);

ALTER TABLE M1
ADD (CONSTRAINT M1_PK PRIMARY KEY
```

```
(M#));

CREATE TABLE M1_JN
 (JN_OPERATION CHAR(3) NOT NULL
 ,JN_ORACLE_USER VARCHAR2(30) NOT NULL
 ,JN_DATETIME DATE NOT NULL
 ,JN_NOTES VARCHAR2(240)
 ,JN_APPLN VARCHAR2(35)
 ,JN_SESSION NUMBER(38)
 ,M# NUMBER(38) NOT NULL
 ,...
 ,BEGINN DATE
 ,ENDE DATE
 );
```

Die „Bewirtschaftung" für die Journaltabelle wird durch das TAPI (Table Application Programming Interface) übernommen. Wenn die Applikation das TAPI aufruft, um eine Zeile in eine für die Journalisierung gekennzeichnete Tabelle einzufügen, zu ändern oder zu löschen, werden die Journalspalten (also solche mit dem Präfix JN_) mit Werten ergänzt. Um die sehr umfassenden Anweisungen dennoch im Text abzubilden, wurden gleichlautende Anweisungen gekürzt und zum Teil nur das erste und die letzten Attribute abgebildet.

Bezeichnung	Typ	Beschreibung	Prozeduraufruf
CG$BIS_M1	Trigger	Before Insert Statement Trigger	validate_arc, validate_domain, ins
CG$BIR_M1	Trigger	Before Insert Row Trigger	
CG$AIR_M1	Trigger	After Insert Row Trigger	
CG$AIS_M1	Trigger	After Insert Statement Trigger	validate_foreign_keys_ins,upd_oper_denorm2
CG$BUS_M1	Trigger	Before Update Statement Trigger	
CG$BUR_M1	Trigger	Before Update Row Trigger	validate_arc, validate_domain, upd
CG$AUR_M1	Trigger	After Update Row Trigger	
CG$AUS_M1	Trigger	After Update Statement Trigger	validate_foreign_key_upd, upd_denorm2, upd_oper_denorm2, cascade_update
CG$BDS_M1	Trigger	Before Delete Statement Trigger	
CG$BDR_M1	Trigger	Before Delete Row Trigger	Del
CG$ADS_M1	Trigger	After Delete Statement Trigger	validate_foreign_keys_del, upd_oper_denorm2, cascade_delete

Tabelle 52: Trigger zur Bewirtschaftung der Journaltabelle

Die Trigger rufen Prozeduren in der PL/SQL Paket auf.

Bezeichnung	Typ	Beschreibung
`CG$M1.ins`	Procedure	API zum Einfügen von Datensätzen.
`CG$M1.upd`	Procedure	API zum Ändern von Datensätzen.
`CG$M1.del`	Procedure	API zum Löschen von Datensätzen.
`CG$M1.lck`	Procedure	API zum Sperren von Datensätzen.
`CG$M1.insert_jn`	Procedure	Führt einen Datensatz in eine Journaltabelle für Auditierungzwecke ein.
`CG$M1.slct`	Procedure	Selektiert aufgrund des Primärschlüssels alle Attribute einer Zeile in den Ausgabeparameter.
`CG$M1.validate_arc`	Procedure	Überprüft eine "Arc"-Beziehung.
`CG$M1.validate_domain`	Procedure	Überprüft den Wert gegen eine Referenztabelle.
`CG$M1.validate_foreign_keys_ins`	Procedure	Überprüft, ob alle verpflichtenden Spalten Werte enthalten und erzeugt einen Fehler, wenn dies nicht so ist.
`CG$M1.validate_foreign_keys_upd`	Procedure	
`CG$M1.validate_foreign_keys_del`	Procedure	
`CG$M1.cascade_update`	Procedure	Ändert alle betroffenen Tabellen, wenn M1 geändert wird.
`CG$M1.domain_cascade`	Procedure	
`CG$M1.upd_denorm2`	Procedure	API für einfache Denormalisierung.
`CG$M1.upd_oper_denorm2`	Procedure	API für Denormalisierung mittel Operationen.

Tabelle 69: Prozeduren des TAPI

Die Quellcode kann im Appendix eingesehen werden.

Die Trigger rufen Prozeduren im PL/SQL Paket auf. Müssten die Prozeduren manuell geschrieben werden, wäre dies eine sehr aufwendige Arbeit. Generierende Werkzeuge erleichtern in dieser Hinsicht die Arbeit für die Implementierung wesentlich.

7 Resümee

7.1 Zusammenfassung

Im vorliegenden Buch wurde gezeigt wie der Aspekt Zeit in betrieblichen Informationssystemen modelliert und für ein konkretes relationales als auch objektrelationales DBMS umgesetzt werden kann. Weiters wurden für die praktische Anwendung die Mutationsoperationen in ein Geschäftsregel-Rahmenwerk eingebettet. Damit konnte untersucht werden, inwieweit die Anwendung des Modells RETTE in der Praxis praktikabel und sinnvoll erscheint. Aufbauend auf den, so gewonnen Ergebnissen, wurde ein Leitfaden zur Umsetzung entwickelt und vorgestellt. Es wurden, für die zu Beginn der Arbeit aufgestellten Fragen, jeweils Konzepte vorgestellt um dann mittels praktischer Umsetzung eine empirische Beantwortung für diese zu finden.

7.2 Schlussfolgerung

Dieses Buch zeigt einen, in der Praxis gangbaren Weg zur Umsetzung zeitbezogener Daten in betrieblichen Informationssystemen auf, was jedoch nicht die Notwendigkeit einer generellen temporalen Unterstützung in SQL und den entsprechenden DBMS mindern soll. Die „manuelle" Durchführung von Operation auf zeitbezogene Tabellen und die entsprechenden Anfragen dazu können in der Praxis sehr rasch komplex und für den Benutzer unübersichtlich werden. Die Erkenntnisse, die während der Implementierung und des Einsatzes des Modells RETTE in der Praxis gewonnen und in diesem Buch eingeflossen sind, können auch als wertvolle Erfahrung für DBMS integrierte Lösungen[186] herangezogen werden. Das

---

[186] z. B. [Sno95]

Modell RETTE versteht sich somit als „Rahmen" zum Entwurf temporaler Datenbanken.

Es konnte gezeigt werden, dass das Modell RETTE flexibel genug ist um auch im objektrelationalen Modell Verwendung zu finden. Die Vermutung[187], dass eine temporale Erweiterung der UML anhand des Modells RETTE möglich scheint, da der Schwerpunkt der temporalen Erweiterungen auf der Attributebene liegt, kann durch die Umsetzungen in dieser Arbeit bestätigt werden. Bei der beschriebenen Umsetzung gelangen „tagged values", und nicht wie in [ST97] beschrieben „Stereotypen", zur Anwendung.

Als Vorteile des Modells RETTE für den Einsatz in der Praxis haben sich zusammenfassend die Folgenden bestätigt:

- Der Zugriff auf dasselbe logische Datenmodell, mit dem auch nicht-zeitbezogene Daten modelliert werden, ist möglich.

- Die nahtlose Eingliederung des Modells RETTE in eine bereits vorhandene konventionelle Architektur kann umgesetzt werden.

- Bestehende Systeme können für den nicht temporalen Teil bestehen bleiben und weiterentwickelt werden.

- Es sind keine semantischen Änderungen von bestehenden ER-Modellen notwendig.

- Es wird Unterstützung in allen Phasen der Systementwicklung gegeben.

- Der Mapping-Algorithmus ist automatisierbar und zum Einsatz in generierende Werkzeuge geeignet.

- Es hat sich herausgestellt, dass das Modell RETTE in ein CASE Werkzeug eingebettet werden kann, wodurch ein angemessener Zeit- und Kostenaufwand für die Umsetzung in der Praxis erzielt werden kann.

- Es können Mutationsoperationen angewendet werden, die es erlauben vorhandene graphische Benutzerschnittstellen weiter zu nutzen.

- Die im Modell RETTE vorgestellte Attributzeitstempelung zeigt sich auch für eine bitemporale Erweiterung geeignet.

- Die Vorgehensweise des Modells RETTE ist auch dann anwendbar, wenn sich das Zielsystem ändert. Die Anwendbarkeit auch auf das objektrelationale Modell zeigt sich als möglich und vorteilhaft.

7.3 Ausblick

Diese Buch kann als Basis für die Weiterentwicklung auf Gebiet der zeitbezogenen Datenmodellierung im *objektrelationalen* Bereich dienen. Die zukünftige Forschung auf dem Gebiet der temporalen Modellbildung muss verstärkt versuchen diese in einem

---

[187] siehe [Kai00] Seite 18

Gesamtkontext der betrieblichen Informationssysteme zu sehen – einerseits von der Analyse bis zur Implementierung, andererseits vom strukturellen Modell bis hin zur Ablauforganisation. Sehr bedeutend für den praktischen Einsatz in Zukunft wird die Integration des Modells in weitere „Frameworks" und „Design Patterns"[188] sein.

Mit diesem Buch wurde ein fundierter Leitfaden, vor allem für die strukturelle Umsetzung des temporalen Aspekts in betrieblichen Informationssystemen, gegeben. Welche fortführenden Fragen sich im Zuge dieser Arbeit aufgetan haben soll anhand eines Ausblicks auf zukünftige Arbeiten geben werden:

- Inwieweit sich die vorgestellten Konzepte auf Systeme anderer Hersteller umsetzen lassen kann Gegenstand weiterführender Arbeiten sein.

- Aufbauend auf dieser Darstellung können in zukünftigen Arbeiten Spezialfälle von Methoden und Bedingungen (constraints), die sich auf temporale Attribute beziehen, behandelt werden.

- Ein Aspekt, der in diesem Buch nicht untersucht wurde, kann mit dem Stichwort „RETTE und temporale Logik" umschrieben werden. Ein Ausgangspunkt für zukünftige Arbeiten in diesem Bereich könnte die Erweiterung der Object Constraint Language (OCL) um den temporalen Aspekt sein. In diesem Zusammenhang wäre auch eine Erweiterung der in UML neu aufgenommenen „Action Language"[189] um temporale Aspekte erstrebenswert.

- Angeregt durch die erfolgreiche Umsetzung in das Klassendiagramm der UML, wäre eine temporale Erweiterung auch für anderer Diagrammtypen der UML wünschenswert.

- Das systematische Einbringen des temporalen Aspekts in *Geschäftsregeln* wäre wünschenswert.

---

[188] im Sinne der komponentenbasierten Entwicklung

[189] neu aufgenommen in [OMG03]

"Es gibt ein großes und doch ganz alltägliches Geheimnis. Alle Menschen haben daran teil, jeder kennt es, aber die wenigsten denken je darüber nach. Die meisten Leute nehmen es einfach so hin und wundern sich kein bisschen darüber. Dieses Geheimnis ist die Zeit."[190]

Literaturverzeichnis

[Alt98]   Alth , Alexander: „*Die EDV-Geschichte*", in: Das Computer Magazin, verbesserte und vervollständigte Version, 1998
http://www.atari-computer.de/starnews/edv.html

[Amb02]   Ambler, Scott W.: „*A UML Profile for Data Modeling*", AgileData, 2002
www.agiledata.org/essays/umlDataModeling.html

[Bar89]   Barker, Richard: „*Case*Method, Entity Relationship Modelling*", Addison-Wesley, 1989

[Bar97]   Barnert, Roman; Schmutz, Guido: „*Die zeitbezogene Datenhaltung in einer Oracle-Umgebung bei den Schweizer Regionalbanken*", 1997

[Bec00]   Beck, Kent: „*Extreme Programming – Die revolutionäre Methode für Softwareentwicklung in kleinen Teams*", Addison-Wesley, 2000

[Bec02]   Becker, Jörg; et al : „*Referenzmodellierung 2002 Methoden – Modelle – Erfahrungen*", Arbeitsberichte des Instituts für Wirtschaftsinformatik, 2002

[BJS99]   Bliujute, Rasa; Jensen, Christian; Saltenis, Simonas; Slivinskas, Giedrius: „*Light-Weight Indexing of General Bitemporal Data*", 1999

[BM01]   Boyd, Lauri; Muller, Sandra: "*Headstart Oracle Designer 6.5 – User Guide*", Oracle Corporation, 2001
http://www.oracle.com/technology/consulting/pdf/cdmrffs.pdf
http://www.oracle.com/technology/consulting/idelivery/cdma/pdf/rfimpl.pdf

---

[190] Michael Ende

[Boe76]   Boehm, Barry W.: *"Software Engineering"*, IEEE Transactions on Computers, Vol. 25, No 12, Seiten 1226-1241, 1976

[Boe86]   Boehm, Barry W.: *"A Spiral Model of Software Development and Enhancement"*, ACM SIG SOFT, Software Engineering Notes, Seiten 22-32, 1988

[Böh81]   Böhme, Gert: *„Einstieg in die Mathematische Logik"*, Carl Hanser Verlag, 1981

[BRJ99]   Booch, G.; Rumbaugh, J.; Jacobson, I.: *„The Unified Modeling Language – User Guide"*, Addison Wesley, 1999

[Bro01]   Brockhaus AG: *„Der Brockhaus – multimedial 2001 premium"*, Bibliographisches Institut & F. A. Brockhaus AG, 2001

[BS97]   Barnert, Roman; Schmutz, Guido: *„Die zeitbezogene Datenhaltung in einer Oracle-Umgebund bei den Schweizer Regionalbanken"*, 1997

[BS98]   Bergamaschi, S.; Sartori, C.: *„Chrono: a conceptual design framework for temporal entities"*, in: Proceedings of the 17th International Conference on Conceptual Modeling (ER´98), Seiten 35-50, Springer, 1998

[Che98]   Chen, Peter: *„From Ancient Egyptian Language to Future Conceptual Modeling"*, in: Conceptual Modeling, 1998

[CTW99]   Chen, Peter; Thalheim, Bernhard; Wong, Leah Y.: *„Future Directions of Conceptual Modeling"*, in: Conceptual Modeling Seiten 287-301, 1999

[DGM01]   Dacorogna, Michel; Gencay, Ramazan; Müller, Ulrich; Olsen, Richard B.; Pictet, Oliver V.: *„An Introduction to High-Frequency Finance"*, Academic Press, 2001

[Din00]   Dino, Distefano: *„Towards model checking OCL"*, Whitepaper, 2000

[DKR00]   Distefano, Dino; Katoen, Joost-Pieter; Rensink, Arend: *„On a Temporal Logic for Object-Based Systems"*, University of Twente, 2000

[Dor99]   Paul, Dorsey: *„Introduction to Object Modeling in Oracle8"*, Dulcian Inc., 1999
               http://www.dulcian.com/papers/ObjMod.htm

[Eic94]   Eichler, Brigitte: *„Informationssystementwicklung mit Oracle-CASE"*, Scriptum an der WU-Wien, 1994

[EN00]   Elmasri, Ramez; Navathe, Shamkant: „*Fundamentals of Database Systems*", Third Edition, The Benjamin/Cummings Publishing Company, 2000

[EN94]   Elmasri, Ramez; Navathe, Shamkant: „*Fundamentals of Database Systems*", 2. Auflage, The Benjamin/Cummings Publishing Company, 1994

[Feu95]   Feuerstein, Steven: „*Oracle PL/SQL Programming*", O'Reilly & Associates Inc., 1995

[Gal99]   Galton, A. P.: „*Stanford Encyclopedia of Philosophy*", Kapitel: Temporal Logic, 1999
              http://plato.stanford.edu/entries/logic-temporal/

[Gen96]   Genz, H.: „*Wie die Zeit in die Welt kam – Die Entstehung einer Illusion aus Ordnung und Chaos*", Rowohlt Taschenbuch Verlag, 1996

[Gep02]   Geppert, Andreas: „*Objektrelationale und objektorientierte Datenbankkonzepte und –systeme*", dpunkt.verlag, 2002

[Gey01]   Geyer, Alois: „*Analyse finanzwirtschaftlicher Zeitreihen*", Skriptum, Wirtschaftsuniversität Wien, 2001

[GI03]   Fachgruppe WI-WM, "*Vorgehensmodelle für die betriebliche Anwendungsentwicklung*", Gesellschaft für Informatik, 2003-04-06
              http://www.vorgehensmodelle.de

[Gie01]   Gietz, B.: „*Oracle9i Application Developer's Guide - Object-Relational Features*", Release 1 (9.0.1), Oracle Corporation, 2001

[GJ97]   Gregersen,H.; Jensen,C.S.: „*TR-3: Temporal Entity-Relationship Models – A Survey*", Technical report, TimeCenter, 1998

[GJ98]   Gregersen,H.; Jensen,C.S.: „*TR-35: Conceptual Modeling of Time-Varying Information*", Technical report, TimeCenter, 1997

[GMJ98]   Gregersen,H.; Mark,L.; Jensen,C.S.: „*TR-39: Mapping Temporal ER Diagrams to Relational Schemas*", Technical report, TimeCenter, 1998

[Gor02]   Gornik, Davor: "*UML Data Modeling Profile*", Rational Software Corporation, 2002
              http://www.rational.com/products/whitepapers/437.jsp

[Gov99]   Govoni, Darren: „*Java Application Frameworks*", John Wiley & Sons Inc., 1999

[Hal99]   Halpin, T.: „*UML Data Models From An ORM Perspective*", in: Journal of Conceptual Modeling, Information Conceptual Modeling Inc., 1998-1999

[Han92]   Hansen, Hans Robert: „*Wirtschaftsinformatik*", 6. Auflage, Gustav Fischer Verlag, 1992

[HN01]   Hansen, H. R; Neumann, Gustaf: „*Wirtschaftsinformatik I*", UTB, 2001

[Haw97]   Hawking, Stephen: „*Die illustrierte kurze Geschichte der Zeit*", Aktualisierte und erweiterte Ausgabe, Rowohlt Verlag, 1997

[HS00]   Heuer, Andreas; Saake, Gunter: „*Datenbanken: Konzepte und Sprachen*", 2. Auflage, MITP-Verlag, 2000

[JDM01]   Oracle Method Group: „*JDM Fast Track*", Release 1.0.0, Oracle Corporation, 2001

[Jen00]   Jensen, Christian: „*Temporal Database Management*", Thesis, 2000 http://www.cs.auc.dk/~csj/Thesis/

[JS92]   Jensen, C. S.; Snodgrass, R. T.: „*Temporal Specialization*", in: Proceedings of the International Conference on Data Engineering Seiten 594-603, 1992

[JS98]   Jensen, C. S.; Snodgrass, R. T.; et al.: „*A Consensus Glossary of Temporal Database Concepts*", in: Temporal Databases: Research and Practice, Springer-Verlag, 1998

[Kai00]   Kaiser, A.: „*Die Modellierung zeitbezogener Daten*", Peter Lang Verlag, 2000

[Kai98]   Kaiser, A.: „*Neuere Entwicklungen auf dem Gebiet temporaler Datenbanken – eine kritische Analyse*", in: Proceedings des 6. Internationalen Symposiums für Informationswissenschaft (ISI'98) Seiten 329-343, Universitätsverlag Konstanz, 1998

[Kim96]   Kim, F.: „*UniSQL's Next-Generation Object-Relatinal Database Management System*", SIGS Publications, Inc., 1996 http://vauce.ncl.ac.uk/polar/oodbs/white/oc9605_f_kim.html

[KW00]   Kaiser, A.; Wurglitsch, R.: „*Die Umsetzung zeitbezogener Daten in betrieblichen Informationssystemen mit einer Oracle-Umgebung unter Berücksichtigung des Modells* RETTE", in: Modellierung betrieblicher Informationssysteme Seiten 265-272 , Proceedings der MobIS-Fachtagung, 2000

[KW02]   Kaiser, A.; Wurglitsch, R.: „*Modellierung temporaler Aspekte in betrieblichen Informationssystemen mit UML*", in: Modellierung betrieblicher Informationssysteme MobIS 2002 Seiten 69-92 , Lecture Notes in Informatics (GI-Edition), 2002

[Lor01]   Lorentz, D.: „*Oracle9i SQL Reference*", Release 1 (9.0.1), Oracle Corporation, 2001

[Mag73]   Mag, Wolfgang: „*Sequentielle Informationsbeschaffung für unternehmerische Entscheidungen*" in ZfB S. 829-846, 1973

[Mcc97]   McClure, Steve: „*Object Database vs. Object-Relational Databases*", International Data Corporation in Bulletin Nr. 14821E, 1997
             http://www.cai.com/products/jasmine/analyst/idc/14821Eat.htm

[Mel01]   Melton, Jim; Simon, Alan R.: „*SQL:1999 Understanding Relational Language Concepts*", Morgan Kaufmann Verlag, 2001

[MF97]   Mark, Fussel: „*Foundations of Object Relational Mapping*", White Paper, 1997

[Mic99]   microTOOL: "*actiF – Das Prozeßmodell für die objektorientierte Entwicklung mit objektiF*", microTOOL GmbH, 1999

[Mil43]   Mill, John Stuart: „*System der deduktiven und induktiven Logik*", 1843 in: Digitale Bibliothek Band 2: Philosophie, S. 52002 ff., Direktmedia, 1998

[MP92]   Manna; Pnueli: „*The Temporal Logic of Reactive and Concurrent Systems*", Springer Verlag, 1992

[MW00]   Meier, Andreas; Wüst Thomas: „*Objektorientierte und objektrelationale Datenbanken – Ein Kompaß für die Praxis*"; dpunkt.Verlag; 2000

[Neu94]   Neumann, Gustaf: „*Datenmodellierung mit deduktiven Techniken*", Physika-Verlag, 1994

[NZ99]   Neumann, G.; Zdun, U.: „*Enhancing Object-Based System Composition through Per-Object Mixins*", in: Proceedings of Asia-Pacific Software Engineering Conference (APSEC), 1999
http://media.wu-wien.ac.at/doc/index.html

[OMG01]   Object Management Group: „*OMG Unified Modeling Language Specification*", Version 1.4, OMG, 2001

[OMG03]   Object Management Group: „*OMG Unified Modeling Language Specification*", Version 1.5, OMG, 2003

[OMG97]   Object Management Group: „*Object Constraint Language Specification*", Version 1.1, Dokument ad970808, OMG, 1997

[Ora01]   Oracle Corporation: „*Oracle Designer – Design and Generation*", Oracle Desinger Online Help, Oracle Corporation, 2001

[PC00]   Perrone, Paul; Chaganti, Venkata: „*Building Java Enterprise Systems with J2EE*", Sams Publishing, 2000

[Pla98]   Platon: „*Kratylos*", in: Digitale Bibliothek Band 2: Philosophie, Seite 861 ff., Direktmedia, 1998

[PR01]   Portfolio, T.; Russell, J.: „*PL/SQL User's Guide and Reference*" Release 9.0.1, Oracle Corporation, 2001

[PK99]   Yugopuspito, P.; Araki, Keijiro: "*Evolution of Relational Database to Object-Relational Database in Abstract Level*", Kyushu University, 1999
http://citeseer.nj.nec.com/263588.html

[Rat00]   Rational Corporation: "*The UML and Data Modeling*", Rational Software Corporation, 2000
http://www.rational.com/products/whitepapers/101516.jsp

[Rus01]   Russell, John: „*Oracle9i Application Developer's Guide – Fundamentals*", Release 1 (9.0.1), Oracle Corporation, 2001

[Rus02]   Russell, John: „*PL/SQL User's Guide and Reference, Release 2 (9.2)*", Release 2 (9.2), Oracle Corporation, 2002

[San00]   Sanders, Mary: „*CDM Classic Process and Task Reference*", Release 2.6.0, Oracle Corporation, 2000

[SN99]   Steiner, A.; Norrie, M. C.: „*Implementing Temporal Databases in Object-Oriented Systems*", in: Procceedings of the Fifth International Conference on Database Systems for Advanced Applications, 1997

[Sno87]   Snodgrass, Richard T: *"The Temporal Query Language TQuel"*, ACM Transactions on Database Systems, Seiten 247-298, 1987

[Sno95]   Snodgrass, Richard T; et al.: *"The TSQL2 Temporal Language"*, Kluwer Academic Publishers, 1995

[Sno00]   Snodgrass, Richard T.: *"Developing Time-Oriented Database Applications in SQL"*, Morgan Kaufmann Publishers, 2000
            http://www.cs.arizona.edu/people/rts/tdbbook.pdf

[Spa02]   Sparks, Geoffrey: *"Enterprise Architect User Guide"*, Version 3.52, Sparx System Pty Ltd., 2002
            http://www.sparxsystems.com.au

[Spa03]   Sparks, Geoffrey: *"Database Modeling in UML"*, Version 3.52, Sparx System Pty Ltd., 2003
            http://www.sparxsystems.com.au/uml_topics/

[ST97]   Svinterikou, Marianthi; Theodoulidis, Babis: *"The Temporal Unified Modelling Language (TUML)"*, Technical Report des TimeLab TR 97-1, 1997

[Ste99a]   Steiner, Andreas: *"TimeDB 2.0"*, Reference Manual, 1999

[Sto99]   Stonebraker, M.; Moore, D.: *"Objektrelationale Datenbanken: Die nächste große Welle"*, Carl Hanser Verlag, 1999

[SW99]   D'Souza, D. F.; Willis, C. A.: *"Objects, Components, and Frameworks with UML – The Catalysis Approach"*, Addisson-Wesley, 1999
            http://www.catalysis.org

[Tan93]   Tansel, A.: *"SQL^T: A Temporal Extension to SQL"*, in Snodgrass, R. (Ed.), Proceedings of the International Workshop of an Infrastructure for Temporal Databases, Seiten II1-II14, 1993

[Tsa02]   Tsay, Ruey S.: *"Analysis of Financial Time Series"*, John Wiley & Sons, 2002

[Voi02]   Voigt, Andreas: *"Die vierte Dimension – Temporale Datenhaltung"* in: Java Spektrum Nr. 41, Seiten 12-16, Sigs Datacom, 2002
            http://www.sigs-datacom.de/sd/publications/

[W3C01]   W3C SVG Working Group: *"Scalable Vector Graphics (SVG) 1.0 Specification"*; W3C; 2001
            http://www.w3.org/Graphics/SVG/

[Wal47]   Wald, Abraham: *"Sequential Analysis"*, 1947

[Wei99]   Weiss, Mark Allen: „*Data Structures & Algorithm Analysis in Java*", Addison-Wesley, 1999

[WK99]   Warmer, Jos; Kleppe, Anneke: „*The Object Constraint Language – Precise Modeling with UML*", Addison Wesley Longman, 1999

[Zen01]   Zendulka, Jaroslav: „*Object-Relational Modeling in UML*", Brno University, 2001
             http//citeseer.nj.nec.com/522758.html

[Zie76]   Ziegler, Gerhard: „*Fiktiver Abriß der EDV-Geschichte von 1960-1985*", in Computerwoche Nr. 48, 1976

[DDL03]   Date, C. J.; Darwen, Hugh; Lorentzos, Nikos A.: „*Temporal Data and the Relational Model*", Morgan Kaufmann, 2003

8 Index

www.ingramcontent.com/pod-product-compliance
Lightning Source LLC
Chambersburg PA
CBHW021142070326
40689CB00043B/972